La conquête du Mexique

La conquête du Mexique

Histoire du nouveau monde

Michel Chevalier

Editions Le Mono

Collection « *Les Pages de l'Histoire* »

ISBN : 978-2-36659498-0
EAN : 9782366594980

I

À un homme de ce XIXe siècle qui est l'héritier du XVIIIe, et par conséquent, quoi qu'il fasse, peu dévot, un effort est nécessaire pour comprendre l'esprit dont étaient animés les Espagnols conquérants du Nouveau-Monde. On juge la moralité des évènements de l'histoire avec les idées de son propre temps, et souvent c'est pour le mieux, l'arrêt n'en étant que plus équitable ; car nous pouvons nous flatter d'être initiés à la notion de l'éternelle justice un peu moins mal que les générations qui nous ont devancés de plusieurs siècles, et notre balance est plus exacte. Nous possédons des secrets qui manquaient aux contemporains ; venus après eux, nous apercevons des effets qu'ils ne pouvaient distinguer, et enfin nous ne sommes pas, ainsi qu'ils l'étaient, juges et partie. Cependant, quand il s'agit non plus d'apprécier la moralité intime des actes, mais simplement d'en reconnaître les traits saillants, on les regarde aussi des yeux de son époque, ce qui peut en dénaturer l'aspect. Maintes fois, alors, c'est un panorama où les objets sont à faux jour, parce qu'on s'est placé hors du point de vue.

Ainsi, les idées religieuses n'étant plus aujourd'hui le mobile des conquêtes, nous sommes enclins à négliger leur influence dans les faits des temps passés ou à l'amoindrir. Nous répétons envers les Espagnols un arrêt que le XVIIIe siècle, en cela inspiré par ses passions, a prononcé contre eux sans que la cause fût suffisamment entendue, et nous tenons pour constant que la soif de l'or fut l'unique ressort de leurs entreprises dans le Nouveau-Monde. Je ne prétends pas que l'amour de la richesse, l'espoir de se créer de grandes fortunes et de grandes existences ait été étranger à ces expéditions merveilleuses : il y a des motifs humains dans toutes les actions des hommes ; mais, à la louange de notre espèce, on peut tenir pour certain que toutes les fois qu'il y a eu un déploiement de qualités héroïques quelque temps soutenues, l'homme a obéi à de nobles inspirations. Il répugne de croire que la cupidité seule puisse engendrer des héros. Dans Cortez et dans ses compagnons, il y avait donc mieux que le désir de s'enrichir ou de se faire une position dans les Indes. Autant vaudrait dire que lorsque la France, en 1789, se leva pour prendre en main la cause de la liberté, l'enthousiasme sublime dont la nation était remplie, et qui lui permit de fournir d'une haleine pendant vingt-cinq ans une si glorieuse carrière, n'était point inspiré par un sentiment profond des droits du genre humain, et que les prodiges dont notre patrie a étonné le monde durant un quart de siècle procédaient simplement d'une sotte vanité de bourgeois jaloux des préséances de la noblesse.

Les monuments de l'histoire sont assez nombreux et assez variés pour qu'on y trouve toutes les lumières désirables. Ils nous font voir que les expéditions des Espagnols dans le Nouveau-Monde furent faites sous les auspices du sentiment religieux. Qu'à ce sentiment s'alliassent des idées d'intérêt et d'ambition, je ne fais aucune difficulté de le reconnaître, car ce n'est rien de plus que d'avouer qu'il y a dans l'homme deux principes, et que notre âme est unie à un corps. Je ne remonterai pas à Colomb, qui part dans l'espoir de rencontrer le Grand-Kan et de le convertir, et qui, lorsqu'il a vu qu'il y avait de l'or dans le Nouveau-Monde, n'en veut aller chercher qu'afin de subvenir aux frais d'une croisade nouvelle en Terre-Sainte, ce qui ne l'empêche point d'attacher un grand prix à son titre d'amiral de Castille et aux avantages matériels attachés à ce titre. Tenons-nous-en à Cortez et au Mexique. Cortez, comme Colomb, comme tous les Espagnols de ce temps qui venaient d'achever de reprendre les Espagnes sur les Maures, avait dans l'âme une foi active et envahissante. Les imaginations étaient exaltées dans la Péninsule. C'était la foi qui avait donné à une troupe de cavaliers réfugiés dans les Asturies la force de triompher de califes puissants ; de quoi donc n'était-on pas capable quand on combattait pour la foi ! L'ardeur religieuse naturelle à ce siècle s'était accrue de tout ce qu'y pouvait ajouter le feu sacré du patriotisme. Pour la jeunesse qui sortait de terre sous les pas des vainqueurs de Grenade et de Cordoue, soumettre des infidèles, établir le culte de la croix dans des contrées où le signe de la rédemption n'avait pas brillé encore, c'était l'ambition souveraine, la gloire suprême, un bonheur sans pareil. Une expédition dans le Nouveau-Monde était une croisade. La guerre contre les Indiens, par cela seul qu'ils étaient infidèles, était une guerre sainte. Leur faire confesser la foi était un mérite incomparable. A ce prix, qu'on eût donné carrière à ses passions, qu'on eût été licencieux, cupide, sanguinaire, peu importait : tout péché était racheté par une aussi bonne œuvre, et on allait droit au ciel. Contre les mécréants, et tout non croyant était tel, tous moyens étaient bons, pourvu qu'on leur fit accepter le baptême. La foule en était persuadée, quoique quelques-uns des chefs fussent plus éclairés et plus humains.

Cortez, de même que tous les hommes grands et petits, était de son temps. Il en partageait, à des degrés divers, les illusions et les préjugés, comme il en avait le courage et la foi. Son chapelain, Gomara, nous a conservé la harangue qu'il adressa à sa troupe au moment de quitter définitivement l'île de Cuba, à la revue du cap Saint-Antoine. Il termine par ces paroles, que, si leur nombre est petit, ils ont avec eux le Tout-Puissant, qui n'a jamais abandonné les Espagnols dans leurs luttes contre les infidèles. Que fait la multitude des ennemis qu'ils peuvent rencontrer, puisqu'ils sont sous la bannière de la croix ? Cette conviction ne le quitta jamais, et il la maintint chez ses compagnons ; grande raison pour qu'ils triomphassent. Le meilleur moyen qu'un homme accomplisse une œuvre, quelque difficile qu'elle soit, c'est qu'il se soit persuadé qu'il ne la pouvait manquer. Cortez fut d'une sagacité extraordinaire, d'une politique extrêmement habile, d'une intrépidité sans égale, d'une vigilance inouïe, d'une prudence consommée en même temps que d'une audace prodigieuse ; il possédait au plus haut degré l'empire de soi, gage et condition de l'empire sur autrui. A tous ces dons naturels se joignit, d'un bout à l'autre de la conquête, un bonheur incroyable ; les éléments et les évènements semblent conspirer pour lui. Cependant la principale cause de son succès, ce fut sa foi.

Dans l'île de Cozumel, premier point de relâche, à peine a-t-il rassuré les habitants, que son lieutenant Alvarado, débarqué avant lui, avait fait fuir par ses violences, qu'il s'occupe de les convertir. Sur leur refus de renoncer à leur idolâtrie, il ordonne aux siens de saisir les statues des dieux et de les précipiter du haut en bas des temples, disposés, comme ceux des Mexicains, en pyramides. Un autel est mis à la place du sanctuaire païen ; le père Olmedo y dit la messe, et les Indiens, saisis de ce que les dieux n'ont pas aussitôt frappé de mort les étrangers qui les ont outragés dans leurs sanctuaires et leurs images, se laissent baptiser. De là on passe la province de Tabasco, dans la péninsule du Yucatan, et on y trouve des populations plus nombreuses, plus guerrières, plus avancées dans les arts. Celles-là faisaient des sacrifices humains. Les Indiens refusent de communiquer avec l'expédition ; il faut se battre. Le combat fut opiniâtre et sanglant. On vit un saint, monté sur un cheval gris, descendre du ciel pour se mettre à la tête des cavaliers espagnols et leur donner l'exemple de charger. Personne n'en douta dans l'armée, et lorsque Cortez rendit compte de l'affaire aux souverains de Castille, il leur dit : « Vos altesses royales doivent tenir pour certain que cette victoire fut remportée moins par nos forces que par la volonté de Dieu, car qu'est-ce que nous aurions pu, quatre cents hommes que nous étions, contre quarante mille guerriers ? » Terrifiés par l'artillerie, par la cavalerie, stupéfaits de l'audace de cette poignée d'hommes qu'ils prennent pour des êtres surnaturels, les Indiens se convertissent. On célèbre leur conversion par une cérémonie pompeuse le dimanche suivant, qui était le dimanche des Rameaux, et on s'embarque pour gagner les terres mexicaines où l'on sait qu'habite un grand souverain, chef d'un peuple qui possède beaucoup d'or.

Bientôt des entrevues ont lieu entre Cortez et Teutlile, gouverneur, pour Montezuma, de la province à laquelle correspond aujourd'hui le pays de la Vera-Cruz. Tout se passe à grande étiquette, comme il convient aux représentants de deux souverains puissants dont chacun se tient pour le premier monarque de l'univers. Montezuma est tourmenté du désir d'éloigner les Espagnols de la capitale. Par ses envoyés, il les détourne d'y venir, il leur fait dire, en homme qui est accoutumé à être obéi, que cela ne lui convient pas ; mais aussi, en prince magnifique et libéral, il les comble de présents.

Ce sont des tissus de coton d'une grande beauté, des étoffes de plume, article dans lequel les Mexicains excellaient, et qui leur était propre. Ce sont des bijoux d'or et d'argent d'un grand poids et d'une façon égale à la matière. C'est de la poudre d'or à pleins casques ; Cortez avait dit à Teutlile que ses compagnons étaient sujets à une affection de cœur pour laquelle la poudre d'or était un spécifique souverain. A ces dons splendides, Cortez répondit comme il le pouvait, par une toque ornée d'une médaille en or représentant saint George et le dragon, par des chemises de Hollande, les plus fines qu'il possédât (les Mexicains ne connaissaient pas le lin), et par des articles de verroterie qui pouvaient paraître d'un grand prix chez ces peuples où l'art du verrier était ignoré. Moyennant ces échanges, on pouvait se croire en bons rapports ; les Indiens du voisinage apportaient des vivres en abondance aux Espagnols et se mettaient à leurs ordres pour tous leurs besoins. Cortez continuait de négocier pour qu'on le laissât aller à Tenochtitlan (Mexico) ; mais au milieu d'une conférence l'heure des vêpres sonne, et Cortez imagine que le moment est venu de faire connaître aux Aztèques la loi religieuse dans laquelle il a tant à cœur de les instruire. Par son ordre, le père Olmedo commence une prédication où il expose les mystères du christianisme, et annonce que les Espagnols sont venus pour extirper l'idolâtrie et établir le culte du rai Dieu. Il termine en distribuant de petites images de la Vierge avec le Christ dans ses bras. Deux interprètes, l'Espagnol Aguilar, qui a été captif dans le Yucatan, et la jeune fille indienne Malinche, livrée à Cortez par un des caciques de Tabasco, transmettent tant bien que mal la parole du bon père aux Aztèques étonnés. De ce moment, toute relation est rompue. Pas un des naturels ne se présente au camp ; il ne vient plus de provisions, et, parmi les suivants de Cortez, les mécontents commencent à dire qu'il faut s'en retourner à Cuba avec les présents somptueux de Montezuma.

Cependant Cortez reçoit un message du chef des Totonaques, établis autour de Cempoalla dans la *Terre-Chaude*. Las des exigences des Aztèques, qui l'avaient récemment soumis, ce cacique envoie demander l'assistance de ces merveilleux étrangers qui lancent le tonnerre et ont avec eux des animaux à l'irrésistible impétuosité. Il est puissant, il se vante d'avoir cent cinquante mille combattants sous ses ordres, hyperbole extrême, quoique sa capitale Cempoalla eût réellement trente mille âmes. Ce fut pour Cortez une révélation. Ce grand empire mexicain n'était donc pas uni et compact ; il recélait des ferments de division ; une politique habile pouvait s'y ménager des auxiliaires pour s'y faire jour et le renverser. L'ouverture du cacique, est accueillie avec amitié. On va marcher sur Cempoalla : toutefois, avant de se mettre en route, Cortez assure sa position personnelle. A la faveur d'une organisation nouvelle, fondée sur l'indépendance qu'avaient alors les communes en Espagne, il rompt les liens de subordination apparente qui l'attachent au gouverneur de Cuba, Velasquez. Cette révolution s'opère sans qu'il paraisse faire rien de plus que de suivre le mouvement, au moyen de l'établissement d'une colonie qui, en vertu de son droit municipal, nomme ses officiers. Quelques jours après, on est à Cempoalla, aux acclamations des populations indiennes. Cortez compromet habilement le cacique vis-à-vis des Aztèques par un affront qu'il le décide à faire, sans la participation ostensible des Espagnols, aux collecteurs qui venaient chercher-le tribut de la part de l'empereur. Il le réconcilie ensuite avec une peuplade voisine et lui garantit sa protection envers et contre tous ; en même temps il entreprend de le convertir. Le cacique proposait le mariage de huit jeunes filles prises dans les familles les plus considérables de la principauté avec des officiers espagnols. Cortez accepte, à la condition qu'elles seront baptisées, et intime au cacique qu'il faut que lui-même il devienne chrétien. L'Indien veut argumenter, il déclare qu'il résistera à toute tentative contre les images de ses dieux : il remontre que, s'il était réduit à l'impuissance, les dieux sauraient bien se venger eux-mêmes ; mais les Espagnols sont révoltés de cette sanguinaire idolâtrie et des festins de cannibales où on dévore les victimes dans une infernale communion. Ils poussent des cris d'enthousiasme quand leur général leur dit qu'il faut en finir ; car, s'ils supportent plus longtemps, le spectacle de ce culte diabolique, Dieu, qui seul peut les faire réussir, se retirera d'eux. Ils suivent Cortez, qui s'élance vers le temple l'épée à la main. Le cacique appelle ses guerriers aux armes et barre le chemin aux Espagnols avec ses prêtres aux cheveux épars et aux robes noires tachées de sang. Cortez fait saisir et entourer par ses soldats le chef, les principaux prêtres et les plus illustres guerriers des Totonaques. « Vous êtes des insensés, leur dit-il, vous n'avez de refuge qu'en moi ; car, si je vous abandonnais, la main de Montezuma s'appesantirait aussitôt sur vous. Il faut donc que vous m'obéissiez, et je veux la destruction de vos idoles. » Le cacique à cette pensée s'incline, et, se cachant la figure dans les mains, il s'écrie que Cortez fasse ce qu'il voudra, mais que la colère des dieux va se manifester contre les étrangers profanateurs.

Cinquante Castillans montent au sommet de la pyramide, arrachent les idoles de bois, les font rouler sur le parvis et en font un feu de joie. A ce spectacle, le ciel se tait, au grand étonnement des naturels. Le sanctuaire est purifié ensuite : on y dresse un autel et on y conduit processionnellement une image de la Vierge entourée de fleurs. Plusieurs des prêtres des dieux sanguinaires des Mexicains se joignent au cortège, en robe blanche. Le père Olmedo célèbre la messe et adresse à son auditoire une exhortation qui arrache des pleurs à tous les assistants. Cortez a satisfait au cri de sa conscience et il s'est assuré la fidélité des gens de Cempoalla. Sa confiance est doublée. Il part de Cempoalla pour s'avancer vers Mexico, malgré la défense de Montezuma. Il emmène avec lui 400 fantassins, 15 cavaliers, 7 pièces d'artillerie ; le reste de la troupe demeure à la Vera-Cruz, sous le commandement d'Escalante qui lui est dévoué, comme dans un poste d'observation sur la mer. 1,300 guerriers totonaques que d'autres grossiront bientôt, et 1,000 tamanes ou porteurs chargés du bagage, se joignent à lui.

D'après le conseil des gens de Cempoalla, on se dirige par le pays de Tiascala, peuplé d'une nation qui avait, dans ses montagnes, maintenu son indépendance contre le puissant Montezuma, de même que les Suisses, après avoir secoué le joug, avaient été, dans leurs défilés, au milieu de leurs rochers, invincibles pour l'empereur d'Allemagne, héritier des Césars. Les Tlascaltèques étaient de même origine que les Aztèques, ils parlaient un dialecte de la même langue et avaient les mêmes habitudes, les mêmes usages, avec moins de raffinement et de culture, et notamment les mêmes sacrifices sanglants ; malgré tous ces traits de ressemblance, ils détestaient les Aztèques d'une haine féroce ; c'étaient les frères ennemis. Cortez, en marchant à eux, était guidé par l'espoir de s'en faire des auxiliaires contre l'empire mexicain, mais il n'avait pas songé à la fierté de ces montagnards. Ils refusaient de se soumettre à Montezuma, parce qu'ils voulaient être les maîtres chez eux. Quelle chance y avait-il qu'ils acceptassent une suzeraineté inconnue ?

Ici commence pour Cortez la guerre de la conquête. Jusqu'alors il avait trouvé sur son chemin des obstacles à arrêter, l'un après l'autre, vingt chefs ordinaires. C'était le gouverneur Velasquez, dont il était la créature, malgré lequel il avait fallu audacieusement partir, s'approvisionner, se recruter ; c'étaient, dans sa petite troupe, les partisans de Velasquez qu'il avait fallu intimider ou séduire, afin que leur glaive ne brisât pas le fil de l'intrigue de la Vera-Cruz, à la faveur de laquelle il s'était dégagé de toute dépendance vis-à-vis du gouverneur de Cuba. Il avait eu à plier à l'obéissance des gens indisciplinés, ramassés de toutes parts ; ensuite des complots à déjouer, car le mécontentement de ces aventuriers, auxquels on voulait mettre un frein, avait engendré plus d'une conspiration. Il avait eu à obtenir d'eux qu'ils abandonnassent au souverain, sans s'en rien réserver, tous les présents de Montezuma qui étaient dûment leur propriété ; il leur avait demandé ce sacrifice, comptant que la vue de tant d'or et d'argent lui concilierait la cour, ferait accepter la comédie jouée par la municipalité de la Vera-Cruz et éconduire les émissaires de Velasquez. Enfin, il avait eu à contenir les murmures qui avaient fait explosion à la nouvelle de l'incendie de la flotte qui les séparait de leurs amis, et les laissait, eux, une poignée d'hommes, à la merci d'ennemis valeureux et innombrables. Je ne parle pas des batailles qu'on avait dû gagner contre les habitants de Tabasco. Avec un esprit fécond en expédients, une rare dextérité, une forte dose de cette résolution qui est communicative ; avec une grande circonspection dans l'audace même, et en s'aidant de l'expérience qu'il avait acquise, tout jeune encore, au milieu d'une vie agitée, Cortez avait pu sortir de tous ces embarras ; c'était affaire de ressources intellectuelles et de force morale. Maintenant, pour soumettre les armes à la main ces vaillants Tlascaltèques qui refusent de l'accueillir ou de lui livrer passage, c'est de la force matérielle qu'il faut. Comment faire ? Rien ne leur est plus facile que de mettre en ligne cinquante mille guerriers déjà éprouvés ; ils les ont tout prêts ; leurs défilés sont aisés à garder ; leur sol est couvert de bois où l'on peut organiser des embuscades. Les lieux et le nombre sont pour eux. Cortez, avons-nous dit, a quatre cents hommes, quinze chevaux et sept petites pièces d'artillerie. Il y avait pu joindre, lorsqu'il entra sur le territoire des Tlascaltèques, trois mille guerriers indigènes.

Les Tlascaltèques sont commandés par le jeune Xicotencatl, non moins rusé qu'intrépide. On livre un premier combat où Cortez demeure vainqueur avec la perte sensible de deux de ses quinze chevaux. Quelques jours après, c'est une affaire plus sérieuse : on se bat toute la journée ; l'artillerie, les chevaux et les lances de bon acier de Tolède font merveille ; Xicotencatl est forcé d'abandonner le champ de bataille, mais il se retire en bon ordre. Cortez, dont la petite armée compte plusieurs blessés, envoie proposer la paix. Xicotencatl, à la tête de ses troupes, répond que le chemin de Tlascala ne sera ouvert aux Espagnols que pour qu'ils aillent à la pierre du sacrifice, et que s'ils restaient dans leur camp, on irait les y prendre.

II

Le 5 septembre 1519, nouvelle bataille ; les indiens sont nombreux, pleins de ressentiment. Cortez fait un appel à la foi de sa troupe. « Dieu est avec eux ; Dieu veut que la croix soit plantée dans ces belles régions ; comment le serait-elle s'ils lâchaient pied ? » Il leur a donné des instructions intelligentes pour tirer le meilleur parti de leurs armes européennes. Les deux armées s'ébranlent. La victoire était indécise, lorsqu'un des chefs indiens, qui avait eu une querelle avec Xicotencatl, s'éloigne avec ses soldats, entraînant un autre chef dans sa fuite préméditée.

Xicotencatl tient bon quatre heures de plus et bat en retraite sans être poursuivi. Cortez alors renouvelle ses propositions de paix. La réponse fut une attaque de nuit.

Heureusement Cortez a accoutumé ses hommes à être toujours prêts ; jamais leurs armes ne les quittent, ils dorment en ordre de combat, et des sentinelles vigilantes gardent le camp. Cette nuit, par bonheur, il faisait clair de lune. Les Tlascaltèques échouent donc encore une fois, et Cortez envoie des Indiens porteurs de paroles de paix, non plus au général ennemi, mais bien à la ville de Tlascala même. La proposition est favorablement écoutée. Une ambassade solennelle part pour aller trouver Cortez. L'obstiné Xicotencalt la retient dans son camp et se prépare à prendre sa revanche. Chez les Espagnols, pendant ce temps, le découragement a pénétré ; ils comptent leurs morts et leurs blessés ; ils voient leur général rongé par la fièvre. Ils souffrent du froid dans cette partie élevée du plateau où ils couchent à la belle étoile. On se dit de l'un à l'autre que l'idée d'aller jusqu'à Mexico est une folie. Le parti de

Velasquez se réveille, et une députation de mécontents va présenter au général les griefs de l'armée. « Il se peut que la nature soit contre nous, mais Dieu est plus fort que la nature, répond Cortez. » Il leur cite un vers d'une vieille romance dont le sens est qu'il vaut mieux mourir avec gloire que vivre dans le déshonneur. Ces autres *grognards* se calment, et peu après des gens de Tlascala paraissent avec des enseignes blanches en signe de paix : ils apportent des provisions de la part de Xicotencatl. La joie se répand dans le camp. Cependant Marina, qui les a observés de près, avertit Cortez que c'est un stratagème et qu'ils sont envoyés pour l'espionner ; Cortez en acquiert la preuve et renvoie aussitôt à Xicotencatl ses émissaires après leur avoir fait couper la main. C'est ce que César avait fait bien plus injustement, lors du siège d'Alesia, contre des gens qui n'étaient pas des traîtres.

« Rapportez à votre général, leur dit Cortez quand on les jeta hors du camp, qu'il peut venir de jour et de nuit, quand il voudra et comme il le voudra, et il verra qui nous sommes. » A la vue de ses émissaires mutilés, Xicotencatl est déconcerté, consterné. Ces étrangers extraordinaires savent donc lire dans sa pensée ! Il se met enfin à désespérer de triompher des Espagnols, soit par la force ouverte, soit par la ruse, et se convertit à la paix. Il vient lui-même en donner l'assurance. A peu de jours de là, on part en bonne harmonie, tous ensemble, pour Tlascala, où Cortez est reçu dans le palais du père de Xicotencatl, et l'union achève de se cimenter.

Ce n'est pas précisément la bravoure virtuelle qui donna aux Espagnols la victoire sur les Tlascaltèques. L'un des compagnons de Cortez, affirme que rien n'était plus brave que ces Indiens ; il en a vu qui seuls se défendaient contre deux cavaliers, contre trois, contre quatre. La supériorité des armures, la poudre à canon, une discipline admirable, une incomparable vigilance, une tactique supérieure et le génie de Cortez décidèrent le succès. Les chevaux, sortes de monstres ailés, dont la vue troublait les guerriers Tlascaltèques les plus déterminés, plus encore que les éléphants de Pyrrhus les Romains, y furent pour une bonne part. Cortez avait singulièrement façonné ses hommes. Il avait fait passer en eux sa prodigieuse présence d'esprit et avait trempé leurs corps par toutes les épreuves. La volonté persévérante d'un bon général opère comme le bain du Styx. Par un effet de leur tempérament, les Espagnols, quand un grand sentiment les anime, ont des qualités militaires qu'on chercherait vainement ailleurs. L'Anglais est assurément très brave, mais une armée anglaise qui n'a pas un certain bien-être, de la viande, du thé, est démoralisée et perdue. L'Espagnol peut se passer de tout, de boire, de manger, de dormir, supporter le froid et le chaud, et faire, l'estomac vide, des marches incroyables. Les soldats de Cortez eurent lieu de déployer toutes ces ressources qu'ils avaient dans le sang. Je crois cependant que rien ne les soutint au même degré que la conviction où ils étaient du triomphe nécessaire, infaillible, de la croix par leurs mains. Depuis l'expulsion des Maures, ils étaient persuadés que des infidèles ne pouvaient leur résister. C'est ce que répond Marina à un chef des Cempoallans qui, dans une des batailles contre les Tlascaltèques, croit que c'en est fait de lui et des siens, et Cortez, dans ses discours à ses compagnons, lorsqu'ils lui remontrent les difficultés dont ils sont entourés, revient toujours à leur dire qu'ils ont la bannière de la croix et que cela doit leur suffire.

Mais cette foi robuste, indomptable, qui donne à Cortez tant de puissance et lui vaut de pareils succès, lui crée aussi des périls, le pousse vers des écueils. Une fois à Tlascala, il se demande s'il peut tolérer auprès de lui le culte des faux dieux. Ses nouveaux amis, ses alliés, dont il ne peut se passer pour son entreprise contre Montezuma, sont idolâtres ; ils égorgent des victimes humaines et les mangent avec grand apparat. Ces atrocités sacrilèges continueront-elles d'avoir leur cours, et la croix aura-t-elle traversé l'état de Tlascala sans le purifier de cette souillure ? Le père Olmedo, heureusement, modère le héros. « Il faut faire chaque chose en son temps, lui dit-il ; attendons l'occasion. » Et, en effet, l'occasion se présente bientôt. Voici que les chefs tlascaltèques proposent à Cortez et à ses officiers leurs filles pour épouses. Cortez leur répond que c'est impraticable, à moins que

Tlascala ne se convertisse. Il leur explique la différence de leur religion avec la sienne, leur déclare qu'ils sont voués à la perdition éternelle, s'ils ne secouent leurs ténèbres. Une controverse s'engage ; les sénateurs tlascaltèques allèguent, suivant une formule qu'on retrouve souvent dans la bouche des Indiens, que chacun, étant content de ses dieux, doit les garder ; qu'eux, vieillards de la nation, ils n'abjureront jamais le culte des divinités qui avaient protégé leurs jeunes ans ; que cette abjuration attirerait sur l'état la colère du ciel et soulèverait les populations, qui ne voulaient se départir de leurs croyances pas plus que de leurs libertés, et répandraient la dernière goutte de leur sang pour les unes comme pour les autres.

*

Après la conférence, Cortez, dont le caractère s'accommode mal des obstacles, ressent des mouvements d'irritation et penche à s'y livrer : le père Olmedo lui renouvelle ses observations et ses prières pour qu'il temporise. « Patience ; à quoi bon violenter la conscience de ces peuples ? Les conversions forcées ne valent rien. Quand vous aurez renversé les autels, en supposant que vous le puissiez, les idoles resteront dans les cœurs. Agissons par la persuasion ; l'œuvre, si elle est plus lente, sera plus sûre. » Alvarado et Velasquez de Léon joignent leurs instances à celles du moine charitable et bien avisé. Cortez condescend au principe de la tolérance religieuse. Les Espagnols pratiqueront leur religion publiquement, mais aucune contrainte ne sera exercée sur les habitants pour les y amener. Une grande croix est plantée dans un des carrefours de Tlascala. Elle surmonte un autel, où chaque jour la messe est célébrée. Cinq ou six jeunes filles des premières familles de la république sont baptisées et se marient à des officiers espagnols. L'une d'elles était la fille du vieux Xicotencatl, la sœur du jeune général qui avait défendu le sol de la patrie avec tant de courage et de persévérance. Elle devint la femme d'Alvarado, pour qui les Tlascaltèques ressentaient une admiration profonde, et qui, à cause de ses manières ouvertes et démonstratives, de ses allures hardies, de ses grands cheveux blonds bouclés sur un teint clair, avait reçu le nom de Soleil (*Tonatiuh*). De ce mariage naquirent des enfants qui s'allièrent avec les plus nobles familles de Castille.

Il fut heureux pour Cortez que l'ardeur de son prosélytisme trouvât pour la tempérer la prudence du père Olmedo, les vues probablement mondaines de quelques-uns de ses lieutenants, et que, par leurs conseils, il se laissât ramener à la circonspection qui, en toute autre matière, lui était naturelle. Il eût soulevé un orage où il eût disparu avec sa troupe, alors épuisée, et dont les rangs étaient éclaircis ; et eût-il réduit les Tlascaltèques, ce qui n'est pas probable, ces démonstrations de prosélytisme brutal lui eussent fermé le chemin de Mexico. L'entreprise eût été manquée. L'histoire mentionnerait son nom comme celui d'un condottiere qui aurait anéanti, par son fanatisme, les espérances magnifiques qu'avaient fait naître de premiers succès. Ce que c'est pourtant qu'un instant dans la vie d'un grand homme ! Ce que vaut un bon avis ! Une magnifique page, en impérissables caractères, dans l'histoire universelle, au lieu d'un de ces souvenirs obscurs, indifférents et fugitifs, qui forment le lot des aventuriers imprudents, et même l'unique récompense d'hommes meilleurs en qui la nature avait mis l'étoffe d'un héros, mais qui ont été malheureux.

Cortez, une fois rentré dans la bonne voie où son excellent jugement et sa pénétration tendaient à le maintenir, dresse son plan de campagne. Il ira maintenant à Mexico, bon gré, mal gré ; il a une puissante alliance garantie par l'antipathie invétérée des Tlascaltèques contre les Aztèques. Le terrain est ferme sous ses pieds et il a le secret de la faiblesse de l'empire mexicain. Ce qu'il a appris à Tlascala a confirmé le dire du cacique de Cempoalla sur la haine qu'une partie des populations tributaires de l'empire a vouée à ses oppresseurs. Montezuma est détesté dans les provinces conquises : un libérateur qui s'offrira pour délivrer les peuples de ce joug pesant, pourvu qu'il soit fort, trouvera de nombreux auxiliaires. Aux portes même de Mexico, le *conquistador* sait qu'il aura des amis. Le frère de Cacamatzin, roi de Tezcuco, fils comme lui de Nezahualpilli, le prince

Ixtlixochitl, écarté du trône de Tezcuco par l'influence de Montezuma, et réduit à un apanage médiocre, brûle de se venger : il est renommé par son bouillant courage, et il a fait offrir ses services à Cortez.

Cependant, à Mexico, l'empereur était livré à une perplexité désolante. Au fond généreux et intelligent, ce prince, après s'être distingué par sa bravoure, s'était abandonné à une superstition effrénée et à une bigoterie sanglante, on a vu à quel degré. Il est bien difficile de présumer ce qui se passait dans son âme : nous sommes trop étrangers aux idées sous l'empire desquelles on vivait alors à Mexico, et la superstition avec ses extravagances est comme un de ces labyrinthes tortueux et sombres où il est impossible de distinguer le chemin qu'un homme a pu suivre parmi les détours les plus bizarrement compliqués. Si les idées qui peuvent naître d'une aveugle superstition associée à l'astrologie n'étaient pas presque toujours au rebours de l'ordre naturel du raisonnement, aux antipodes de la logique et du bon sens, on pourrait expliquer la conduite indécise de Montezuma et les contradictions de sa politique vacillante en disant qu'il était dominé tour à tour par un penchant à se conformer aux prophéties qui annonçaient le retour de Quetzalcoatl ou de sa race, et par le désir de conserver l'empire, même en dépit des envoyés de ce dieu vénéré. En tant qu'empereur jaloux de sa souveraineté, Montezuma redoutait ces étrangers sur lesquels des rapports propres à inspirer de l'effroi lui étaient parvenus. Le contact de ces êtres formidables ne pouvait manquer d'être fatal à son autorité. D'un autre côté, n'était-ce pas Quetzalcoatl qui revenait, conformément à la tradition, ou qui envoyait ses enfants ? Une vague rumeur courait depuis plusieurs années que le moment solennel du retour de ce bon et puissant prince était proche, et dans ce cas ne fallait-il pas recevoir les Espagnols avec le plus profond respect, le plus grand empressement ? Des présages menaçants se multipliaient depuis quelque temps. Les astrologues prédisaient que des calamités étaient suspendues sur l'empire, et c'est sans doute à ce motif qu'il faut attribuer le redoublement des sacrifices humains offerts alors aux dieux en expiation.

Dans les tiraillements de son indécision, Montezuma, à l'arrivée des Espagnols, avait réuni le grand conseil de l'empire, dont faisaient partie les rois de Tezcuco et de Tlacopan. Qu'étaient ces êtres d'une race ignorée ? quel accueil leur fallait-il faire ? Était-ce ou non la descendance de Quetzalcoatl ? étaient-ce des hommes ou des êtres surnaturels ? Ce devaient être des hommes, et bien des raisons donnaient à croire que c'étaient les envoyés de Quetzalcoatl : ils venaient de l'orient, ils étaient blancs et barbus, ils étaient courageux, invincibles. Cependant, s'ils venaient de la part de Quetzalcoatl, comment étaient-ils ennemis des dieux du pays ? Quelques personnes inclinaient à les bien recevoir, et entre autres Cacamatzin, qui avait succédé, avons-nous dit, à son père Nezahualpilli sur le trône de Tezcuco ; mais cet avis n'avait pas été du goût de Montezuma. Finalement l'empereur ne s'était arrêté à aucun parti. Dans ses tergiversations, il n'avait pas ouvert aux Espagnols sa capitale, il n'avait pas non plus employé la force pour les éloigner. Il les avait fait observer par ses ambassadeurs. Le plus habile d'entre eux, Teutlile, avait des instructions afin de constater ce qu'il pouvait y avoir de commun entre les Espagnols et Quetzalcoatl ; aussi, ayant remarqué sur la tête d'un des soldats un casque doré semblable à celui que portait l'image du dieu, Teutlile avait demandé que le casque lui fût remis afin de l'expédier en toute hâte à Tenochtitlan (Mexico) comme une pièce de conviction. Cependant Cortez insistait toujours pour être admis à présenter à l'empereur le message qu'il prétendait apporter de la part de son souverain. Il faisait plus, il se rapprochait, pendant qu'on lui en refusait la permission. Maintenant il était à Tlascala, chez les ennemis des Aztèques. Il s'était montré plus formidable encore qu'on ne le supposait. Il était difficile de ne pas accueillir sa demande, et l'on pouvait se réserver par quelque embuscade le moyen de s'en débarrasser. A Tlascala donc, une dernière ambassade de Montezuma vient trouver Cortez, chargée de riches présents, de même que les autres. Cette fois, Cortez était invité à se rendre auprès de l'empereur, et on l'engageait à ne pas se lier avec les Tlascaltèques, qui, disait-on, étaient des barbares, des gens de bas étage. On lui indiquait pour se rendre à la capitale la route de Cholula, assurant que, dans cette ville, des préparatifs dignes de lui avaient été faits pour le recevoir. S'il faut en croire les historiens espagnols, c'est un complot qu'on y avait préparé.

III

Je glisse sur les évènements de Cholula, quoique ce soit un remarquable épisode plein de dramatiques horreurs. Je ne m'arrête pas davantage aux détails du voyage de Cholula à Tenochtitlan, quoique ce soit sacrifier la description de villes curieuses, de jardins plus fastueux que ceux de l'orgueilleuse Sémiramis, et de montagnes dont les défilés rappellent les pays enchantés des romans de chevalerie. Entrons dans la capitale avec Cortez. Le voilà dans cette Venise au milieu des montagnes. Il habite le palais bâti par l'empereur Axayacatl, père de Montezuma, au pied de la grande pyramide. Cette vaste demeure, comprenant plusieurs bâtiments clos dans une même enceinte, suffit à loger les Espagnols et les Tlascaltèques qui les ont suivis, avec les nombreux serviteurs que leur a donnés le prince mexicain. Rien ne leur manque. Les habitants de la ville leur témoignent les plus grands égards, car décidément ce ne peuvent être des hommes qui ont accompli de pareilles prouesses, résisté à tant d'efforts, surmonté tant de périls, traversé sans en recevoir d'atteinte tant d'embûches ; ce doivent être des dieux, et on les qualifie de *dioses blancos* (les dieux blancs). Qu'importe pourtant à Cortez ? Il n'est pas venu pour goûter les splendides loisirs d'une hospitalité impériale. Il a son but toujours devant lui, ce qui lui donne un grand avantage sur Montezuma, qui est bourrelé d'incertitudes. L'empereur aztèque conserve, il est vrai, un pouvoir immense. La terreur qu'il inspirait au loin s'est affaiblie, et c'était le ressort de son autorité ; Cortez a recueilli, même entre Cholula et la capitale, beaucoup de murmures contre le gouvernement aztèque : cependant, telle est l'opinion qu'on a encore de l'empereur et de sa puissance, qu'aux portes de Mexico, les Cempoallans, qui jusqu'alors ont suivi fidèlement Cortez, viennent lui dire qu'il ne leur est pas possible d'en franchir l'enceinte et de s'exposer au courroux du *grand Montezuma*.

Dans la solennelle audience où Montezuma, entouré de sa cour, reçoit Cortez et ses officiers, l'empereur déclare au *conquistador* qu'à tant de hauts faits accomplis par les Espagnols, non moins qu'à la direction par laquelle ils sont venus dans ses états, il lui est impossible de ne pas les reconnaître pour les envoyés du grand et bon Quetzalcoatl qui a civilisé l' Anahuac. Le souverain au nom duquel s'annonce Cortez ne peut être que Quetzalcoatl lui-même. Montezuma, en parlant ainsi, avait les yeux et la voix remplis de larmes. On ne pouvait douter de sa sincérité en ce moment. Dans les jours qui suivent, il comble tous les Espagnols de présents. Il n'était simple soldat qui n'eût deux colliers massifs en or. Cortez, cependant, a pris la mesure des ressources inouïes dont Montezuma dispose. Il voit quel est le dévouement absolu de toute la nombreuse population de la capitale et des environs pour l'empereur aztèque. Le tempérament violent de ses compagnons, excité par tant de victoires, par le spectacle de tant de richesses sur lesquelles ils étaient portés à s'arroger le droit du vainqueur, lui inspirent des inquiétudes que redouble le caractère âpre et féroce des guerriers de Tlascala. Ceux-ci, en effet, sont détestés des Aztèques et le leur rendent bien. Dans leur humeur sauvage, ils ne peuvent contenir l'arrogance dont les a gonflés le succès. Ensuite, il peut arriver d'Espagne une réponse peu amicale à ses dépêches, un rappel peut-être par l'effet des accusations et des intrigues de Velasquez, ou de la misérable envie contre tout ce qui se distingue qui anime l'évêque Fonseca, directeur des affaires des Indes. Le gouverneur de Cuba lui-même est homme à envoyer une nouvelle expédition, et d'autres auraient le mérite et le bénéfice des héroïques labeurs déjà accomplis ! Il n'y a donc pas de temps à perdre. Montezuma est fasciné, il faut en profiter. Telles étaient les pensées dont était agité le sein de Cortez huit jours après son entrée dans la cité impériale de Tenochtitlan. Il s'était placé dans l'obligation de réussir et d'ajouter à la couronne de Charles-Quint un fleuron si beau qu'en considération de ses services toute son audace lui fût pardonnée. Un dernier pas restait à faire, un seul, mais c'était le plus difficile de tous. Hôte de Montezuma, il fallait devenir son maître. Cortez se fie à sa fortune. Montezuma sera le vassal du roi d'Espagne, et lui, Cortez, il aura un gage certain de la subordination et de l'obéissance des peuples. Ce gage sera la personne de l'empereur.

Après tant de hardiesses, celle-ci était une suprême témérité. Sous prétexte de la conduite perfide d'un gouverneur mexicain, Quauhpopoca, qui, il y a quelque temps déjà, a fait égorger deux soldats espagnols, Cortez se rend au palais impérial suivi de cinq ou six de ses plus intrépides lieutenants, et termine un entretien avec le prince en lui disant de le suivre dans ses propres quartiers. Montezuma refuse ; on lui réplique qu'il le faut. Il offre en otages ses enfants ; on lui signifie qu'on le veut lui-même, et les Espagnols mettent la main sur la garde de leur épée. C'est de la folie caractérisée, direz-vous ; le palais est rempli de gardes, la ville regorge de soldats mexicains. Montezuma est tout puissant : ainsi qu'il le dit un jour à Cortez, il n'a qu'à lever le doigt pour que des myriades de guerriers se ruent sur la petite troupe des Castillans et de leurs suivants les Tlascaltèques. Mais Cortez, avec le coup d'œil de l'homme de génie, a vu que son ascendant personnel sur Montezuma était plus grand encore que le pouvoir de ce prince sur ses sujets. Cette autorité absolue de l'empereur, puisqu'il tient l'empereur lui-même dans sa main, elle sera un instrument pour ses desseins audacieux. Montezuma est fasciné par le *conquistador*, donc il cédera et se laissera emmener dans le casernement de celui-ci : il est vain au plus haut degré, donc il fera comme s'il allait de son plein gré, et que tel fût son bon plaisir. A sa cour, parmi ses gardes, et dans sa capitale, on est dressé à lui obéir ponctuellement avec la soumission la plus profonde ; donc, quand il aura exprimé sa volonté, on n'y résistera pas, on le conduira respectueusement dans cette prison, qu'il subira, mais qu'il paraîtra s'être choisie.

Cependant, quand il demande sa litière, disant que c'est pour aller s'établir dans le quartier des Espagnols, les nobles, chefs de sa garde et de sa maison, semblent stupéfaits ; ils n'en croient pas leurs oreilles ni leurs yeux. Dans les rues, la foule le regarde passer comme terrifiée d'un sacrilège abominable ; cependant personne ne bouge : Montezuma répète qu'il lui plaît d'aller vivre parmi ses amis les Espagnols. Il y est reçu d'ailleurs avec le respect le plus affecté. Sa maison, avec son luxe éclatant, le suit dans cette captivité.

IV

Une fois Montezuma entre ses mains, Cortez lui fait apercevoir que, s'il est souverain à Tenochtitlan, il n'en est pas moins le vassal du roi d'Espagne. L'infortuné Quauhpopoca est jugé, condamné, brûlé vif, et, pendant la durée de l'exécution, Montezuma, comme un vassal félon, est mis aux fers. De ce jour, Montezuma dut être déshonoré à ses propres yeux. Vainement, après le supplice de Quauhpopoca, Cortez se remet à le traiter avec tous les signes extérieurs du respect : Montezuma se sent déchu au fond de l'âme, et son influence parmi les populations est ébranlée. Le jeune roi de Tezcuco, Cacamatzin, qui lui doit la couronne, qui est son neveu, exprime hautement son indignation, et commence à organiser la résistance. Montezuma lui enjoint de venir auprès de lui ; Cacamatzin répond qu'il compte bien, en effet, paraître dans Tenochtitlan, mais que ce sera pour restaurer la religion dégradée, rendre à l'empire son renom et sa liberté ; qu'il ira, la main non sur la poitrine, dans l'attitude d'un suppliant, mais sur la poignée de son épée, pour exterminer ces Espagnols qui ont infligé tant d'ignominie aux nations d'Anahuac. Cacamatzin poursuivait son dessein, lorsque Montezuma, perfide envers ceux qui se dévouent pour lui, et lâche comme la perfidie l'est toujours, le fait saisir dans un palais où il l'avait convié à une conférence, et le livre à Cortez. Un prince plus souple est placé sur le trône de Tezcuco. Délivré de tout embarras de ce côté, le *conquistador*, pour qui une concession obtenue de Montezuma n'est qu'un moyen d'en obtenir une autre plus grande, exige du malheureux empereur un dernier sacrifice, la reconnaissance expresse et formelle de la souveraineté de Charles-Quint et de son propre pouvoir. Dès leur premier entretien, Montezuma, si l'on doit en croire les historiens espagnols, lui avait exprimé qu'il était porté à s'avouer le vassal du roi d'Espagne.

Tous les chefs de l'empire sont donc convoqués en une espèce de parlement. Du haut de son trône, Montezuma leur rappelle la tradition de Quetzalcoatl. « Vous vous souvenez, leur dit-il, que ce dieu en partant annonça qu'il reviendrait pour reprendre parmi nous l'autorité suprême. Le temps prédit est arrivé : ces hommes blancs viennent des pays situés au-delà des mers, du côté où le soleil se lève, et ils revendiquent pour leur roi le pouvoir suprême en notre pays. Je suis prêt à le leur abandonner. Vous qui avez été mes fidèles vassaux pendant le long espace de temps que j'ai passé sur le trône, j'attends de vous que vous me donniez cette dernière preuve de soumission. Vous reconnaîtrez pour votre maître le grand prince qui règne de l'autre côté de l'Océan ; en son absence, vous obéirez au capitaine qu'il a envoyé parmi nous. Les tributs que vous m'apportiez, vous les lui paierez ; les services que vous me rendiez, c'est à lui maintenant d'en disposer. » A ces mots, l'émotion et les sanglots étouffent ses paroles, et l'illustre assistance, à son exemple, ne peut retenir ses larmes ; chacun lui répond que, puisque tels sont ses ordres, il sera obéi. Immédiatement après, le serment de fidélité est prêté. Acte en est dressé par un notaire royal de la cour d'Espagne. Des Espagnols partent, à titre de collecteurs d'impôts, pour recueillir le tribut des différentes provinces de l'empire. Déjà Cortez s'était occupé de fonder des établissemens dans le pays, et avait détaché cent cinquante hommes sous le commandement de Velasquez de Léon, pour aller installer une colonie bien loin, à l'embouchure du

Guazacoalco, où se trouve le meilleur port de tout le golfe du Mexique, et où Cortez espérait découvrir ce qu'il nomme le *secret du détroit*, c'est-à-dire un passage naturel de l'Océan Atlantique à l'Océan Pacifique. Ainsi tout est fini, et le rêve de Cortez en six mois est devenu une réalité.

Mais non ; c'est à peine si rien est commencé. L'ardeur religieuse de Cortez, longtemps contenue, va faire explosion, et il y aura des tourmentes auprès desquelles les luttes contre les Tlascaltèques et leur général Xicotencatl ne seront plus que des jeux d'enfants. Dès le premier jour où il a pu s'entretenir avec Montezuma, Cortez lui a parlé de se convertir. Il lui a fait un exposé des croyances chrétiennes sur l'origine du monde, a déployé toutes ses connaissances théologiques, lui a certifié qu'il adorait Satan, et que cette abominable idolâtrie le conduirait à une damnation éternelle. Il l'a conjuré de sauver son âme et de faire le salut de son peuple en passant au culte pur enseigné par le Christ et en s'inclinant devant la croix, signe de la rédemption opérée au prix du sang d'un Dieu de bonté. Montezuma a répondu qu'il ne doutait pas que le dieu des Espagnols ne fût un grand dieu, qu'il avait sur la création une croyance assez semblable à celle qui venait de lui être indiquée, mais que ses dieux à lui-même étaient de puissants dieux pareillement, qu'ils avaient fait la grandeur des Aztèques, et qu'ainsi il leur resterait fidèle. Peu de jours après, visitant en compagnie de l'empereur le grand temple où étaient réunis les sanctuaires de tous les dieux, Cortez, à la vue du sang humain qui les souillait, avait apostrophé son impérial interlocuteur en ces termes : « Comment un prince aussi glorieux et aussi sage que vous l'êtes peut-il adorer ces idoles, représentation de Satan ? Ah ! si vous nous permettiez d'ériger ici la croix, d'y placer les images de la Vierge et de son divin fils, vous verriez ce que deviendraient ces dieux abominables. » Ces dieux, avait dit Montezuma, sont ceux qui ont conduit les Aztèques à la victoire depuis l'origine de la nation ; ils nous envoient le temps des semailles et celui de la moisson, et si j'avais pu m'attendre à ce que vous leur manquiez ainsi de respect, je ne vous aurais point admis en leur présence. » Cette scène se passait avant la captivité de Montezuma. Le père Olmedo, intervenant aussitôt, avait calmé Cortez, et bientôt des soucis temporels avaient distrait l'attention du grand capitaine ; mais du moment où Montezuma a fait solennellement sa soumission à Charles-Quint, le zèle religieux de Cortez se réveille plus impétueux. S'il a travaillé pour la couronne de Castille, qu'a-t-il fait pour la foi ? Sera-t-il dit que maintenant, dans cette capitale qui reconnaît pour maître sa Majesté Catholique, les sacrifices humains poursuivront impunément leur cours ?

Suivi de ses principaux officiers, Cortez entre dans l'appartement de Montezuma et lui demande de faire remettre aux Espagnols, pour l'exercice de leur culte, la vaste enceinte du grand temple, afin qu'on puisse inviter le peuple entier à participer aux bienfaits de la religion du Christ. « Mais, Malintzin, répond l'empereur consterné, vos exigences sont poussées si loin que le courroux de nos dieux va s'enflammer, et mes peuples vont se soulever plutôt que de souffrir la profanation de leur temple. » En effet, la religion d'une nation est, de tous ses biens, celui dont le sacrifice lui est le plus odieux ; tant qu'un peuple a de la foi, la perte de sa religion lui est plus sensible encore que celle de sa nationalité même. A la suite d'une conférence avec les prêtres,

Montezuma cependant annonce à Cortez qu'un des deux sanctuaires de la grande pyramide lui est abandonné. On y érige un autel où la croix s'élève ; la messe y est célébrée avec un grand appareil par les pères Olmedo et Diaz ; le sanctuaire attenant demeure consacré au culte sanguinaire du dieu de la guerre, et retentit au même instant des chants des Aztèques indignés.

De ce jour, tout a changé d'aspect à Mexico. Jusqu'alors Montezuma était d'une extrême affabilité envers les Espagnols ; il se plaisait dans la société de quelques-uns d'entre eux, et jouait avec eux en leur laissant toujours des gages de sa munificence. Il devient sombre, il les évite, et passe son temps à s'entretenir avec les principaux des guerriers et des prêtres aztèques. La population contient mal son animosité ; sa fierté blessée se fait jour. L'empereur envoie chercher Cortez et lui déclare que les dieux ont fait connaître aux prêtres qu'ils étaient courroucés et demandaient, sous peine des plus grands malheurs pour la ville et l'empire, que les étrangers profanateurs fussent sacrifiés sur leurs autels. « Vous n'avez, dit-il, de chance de salut que dans la retraite ; partez, allez d'où vous êtes venus, vous ne serez saufs qu'à ce prix. » Cortez, avec un grand sang-froid, réplique qu'il ne se refuse pas à quitter le pays, mais qu'auparavant il faut qu'il ait des vaisseaux. On se met donc, à la Vera-Cruz, à construire une flotte sous les ordres de Martin Lopez ; mais, sous main, Cortez a soin que la construction aille lentement. En attendant, tout dans la capitale prend un air de plus en plus lugubre et menaçant. On se prépare, du côté des Mexicains à attaquer, du côté des Espagnols à se défendre. A la première occasion, les glaives vont être tirés.

Tout à coup on apprend qu'une flotte a paru à la Vera-Cruz. Elle est nombreuse, elle est montée par des soldats espagnols. Ils sont neuf cents, dont quatre-vingts cavaliers, autant d'arquebusiers, cent cinquante arbalétriers, avec beaucoup d'artillerie. C'est plus de quatre fois la force de la troupe castillane qui environne Cortez à Mexico. A cette nouvelle, les Espagnols poussent des cris de joie ; ils sont sauvés. Illusion ! c'est le dernier coup qui est porté à Cortez. Cette expédition vient de Cuba, où Velasquez l'a organisée pour qu'elle aille renverser le piédestal que s'est fait Cortez. De la Villa-Rica de la Vera-Cruz, le *conquistador* avait envoyé en Espagne deux de ses officiers, chargés d'offrir à la cour les somptueux présents qu'il tenait de Montezuma, en leur recommandant bien de ne pas toucher à Cuba. L'un d'eux, qui y avait une plantation, se met en tête de la visiter, malgré ces instructions, et ainsi toute l'île apprend les découvertes inespérées de Cortez, et connaît l'Eldorado qu'il a atteint. La fureur de Velasquez n'a plus de bornes, il épuise toutes ses ressources, afin de composer une armée à laquelle Cortez ne puisse résister, et qui conquière pour lui-même le riche empire mexicain. Telle est l'armée qui vient de débarquer à la Vera-Cruz, sous les ordres de Narvaez, officier d'une bravoure éprouvée.

Cortez a bientôt pris son parti. Avec soixante-dix Espagnols, il sort de Mexico, laissant le commandement au vaillant Alvarado, à qui il recommande la prudence et la modération. En route, il rallie les cent cinquante hommes qu'il avait confiés à l'un de ses lieutenants pour aller fonder une colonie sur les bords du Guazacoalco, marche droit sur Narvaez, qui se garde assez mal, trouve le moyen de semer un peu d'or et beaucoup de bonnes paroles dans cette armée, et, par un coup de fortune, fait Narvaez lui-même prisonnier après un combat de nuit où, à la faveur de l'obscurité, il a pu faire accroire qu'il avait de grandes forces. Toute la troupe de Narvaez, émue de ses hauts faits, séduite par son éloquence, enflammée par les dépouilles que promet l'empire mexicain, passe sous ses drapeaux, et Cortez rentre bravement à Mexico, le 24 juin 1520.

Cette fois on dirait que la populeuse cité est déserte. Pas un Aztèque ne se montre pour voir passer le *conquistador* triomphant ; sur le lac, le long des chaussées, pas une pirogue. C'est qu'aux griefs religieux des Aztèques Alvarado en a ajouté un autre : par une infâme perfidie, il a égorgé la fleur de la jeune noblesse pendant qu'elle célébrait la fête du dieu de la guerre, Huitzilopotchli, probablement afin de s'emparer des ornements d'or dont s'étaient chargés pour la solennité ces six cents infortunés jeunes gens. Cortez, une fois dans ses quartiers, y est bientôt cerné. Il avait eu la précaution de faire construire deux brigantins sur lesquels il aurait pu s'échapper au travers du lac ; les Aztèques les ont brûlés. Un siège furieux commence contre les Espagnols. Une grêle de flèches et de pierres tombe sur tous les points du palais d'Axayacatl qui leur sert de forteresse. Ils répondent par l'artillerie et la mousqueterie, qui font d'horribles brèches dans les rangs serrés des Mexicains ; mais qu'importe ? les assaillants sont innombrables, et ils ne demandent qu'à mourir, pourvu que dix de leurs vies soient échangées contre la vie d'un *fils du Soleil*. Cortez fait des sorties où il a l'avantage, cependant il n'en demeure pas moins bloqué. Les terrasses des maisons sont garnies de guerriers, les ponts des canaux qui longent les rues sont levés.

Vous êtes à nous, crient les Aztèques, la pierre du sacrifice est prête, le couteau du sacrificateur est aiguisé. Notre dieu Huitzilopotchli va enfin voir couler devant lui votre sang qu'il attendait. Les bêtes fauves de la ménagerie du palais rugissent de plaisir, parce qu'elles sentent qu'elles vont dévorer votre chair. Nous avons des cages où nous en enfermerons pour les engraisser, afin qu'ils soient dignes d'être sacrifiés, les enfants félons d'Anahuac qui sont dans vos rangs (les Tlascaltéques). » En parlant ainsi, ils combattaient avec tant de bravoure, dit Bernal Diaz, que « plusieurs de nous, qui avaient servi en Italie dans les *combats de géants* contre les Français, ou dans le Levant contre les Turcs, déclaraient n'avoir jamais rien vu qui fût pareil à ces Indiens. » C'est le frère même de Montezuma qui commande le siège, et il est de tous le plus intrépide. Cortez heureusement n'est pas homme à se rebuter ou à perdre courage. Il a un corps de fer et une âme de bronze. Il espère qu'à force de carnage il obligera les Indiens à se soumettre. Il essaie de les effrayer par des machines de guerre à l'aspect formidable, des tours qui marchent chargées de guerriers à couvert. Il tente aussi la voie des négociations, et fait intervenir Montezuma lui-même comme médiateur. Le malheureux empereur paraît en grande pompe sur une terrasse du quartier des Espagnols. A sa vue, la foule, accoutumée à lui obéir, par un premier mouvement s'incline. « Venez-vous pour me délivrer ? dit-il du ton calme d'un homme accoutumé à commander ; mais je ne suis point prisonnier je reste ici de mon plein gré parmi les hommes blancs qui sont mes hôtes. Venez-vous pour les forcer à se retirer ? mais ils se préparent eux-mêmes à partir. » Les termes d'amitié dont Montezuma se sert envers

les Espagnols rallument la rage des Aztèques ;
du moment où il se dit l'ami de ces étrangers
profanateurs, il n'est plus qu'un traître à la
patrie et aux dieux. Une décharge de pierres et
de flèches est dirigée sur lui. Il est blessé et
meurt peu de jours après.

Cette aventure montre à Cortez que les
Aztèques ne se soumettront pas. D'un autre
côté, ses vivres sont épuisés, et il n'y a plus
qu'un parti à prendre : c'est de se frayer à tout
prix un passage. Pour sortir de Mexico
cependant, il faut passer au travers de longues
rues dont les maisons sont converties en
citadelles, avec leurs terrasses chargées de
projectiles et couvertes de combattants. Après
les rues sont les longues chaussées jetées dans
le lac, et bordées de guerriers aux aguets dans
leurs canots, parmi les roseaux. Pour saisir plus
sûrement leur proie, les Mexicains ont dans les
rues détruit les ponts, érigé des barricades ; les

chaussées de même ont été rompues. Pourtant Cortez, par une marche de nuit, regagne la terre ferme par la chaussée de Tlacopan, la plus courte des trois ; mais quelle nuit ! Dans les récits des *conquistadores* et dans les annales espagnoles, c'est la nuit fatale (*noche triste*). Cortez y perdit la moitié de son armée ; tous ceux qui s'étaient embarrassés de butin périrent ou furent pris, ce qui était pire. Toute l'artillerie resta aux Aztèques, à qui heureusement on avait caché la manière de s'en servir et la composition de la poudre. Il fallut une grande bravoure dans la petite troupe espagnole pour atteindre, même au prix de tant de sacrifices, la terre ferme ; les femmes elles-mêmes se distinguèrent les armes à la main. Deux héros principalement firent le salut de tous, le général d'abord, et l'audacieux Alvarado, qui se surpassa au point d'arracher des cris d'admiration aux Aztèques. Il arrive démonté en un endroit où la chaussée est coupée. Les cavaliers, serrés les uns contre les autres, ont pu passer en se jetant dans le lac, et, avec eux, ils ont conduit une partie de la troupe de l'autre côté de la brèche ; mais il est seul, lui : il était demeuré en arrière pour contenir les assaillants. Il semble qu'il ne peut échapper, lorsque, s'appuyant sur sa longue lance et appelant à lui toute sa vigueur, qui était prodigieuse, il franchit la largeur de la brèche d'un saut ; puis d'un regard il nargue les ennemis étonnés, qui s'écrient qu'il est véritablement le fils chéri du Soleil. Le saut d'Alvarado est demeuré célèbre. Le lieu où la scène se passa porte aujourd'hui le nom de Saut d'Alvarado, et, de tous ses exploits, c'est celui qu'on choisit pour lui faire son nom historique. Le premier lieutenant de Cortez, le conquérant du royaume de Quiché, est désigné dans les chroniques comme Alvarado-du-Saut.

Une fois sur la terre ferme, Cortez trouve une armée qui l'attaque, Alors s'engage la bataille d'Otwmba qu'il gagne après avoir cru, comme César à Munda, que c'en était fait, et qu'il ne lui restait plus qu'à mourir glorieusement. De là, il va se refaire parmi les Tlascaltèques et s'y apprête à revenir sur Tenochtitlan avec des ressources nouvelles. Je passe sur les démarches par lesquelles il s'assure de la fidélité des gens de Tlascala, sur les expéditions qui rétablirent parmi les populations son crédit ébranlé par les désastres de la *noche triste*, sur les alliances qu'il forme, sur les mécontentements qu'il apaise, ainsi que sur les complots qu'il conjure parmi les siens. C'est une série d'évènements et d'incidents qui tiennent du prodige ; je glisse de même sur l'ambassade envoyée par les Aztèques à Tlascala, afin de supplier les Tlascaltèques de se concerter avec tout le pays d'Anahuac pour écarter ces cruels étrangers, ennemis des hommes et des dieux, et sur les débats que soulèvent ces envoyés dans le sénat de Tlascala. C'est beau cependant comme les plus dramatiques séances du sénat romain. Arrivons avec Cortez devant Mexico, où il se présente à la tête d'une armée fort nombreuse d'auxiliaires dont il a perfectionné l'armement, qu'il a soumise, sous plusieurs rapports, à une loi sévère. Une flotte de treize brigantins portant de l'artillerie doit opérer sur le lac.

Le frère de Montezuma, qui avait succédé à l'empire, est mort, après un règne de quatre mois, de la petite vérole, importée par Narvaez. A sa place a été choisi Guatimozin, neveu et gendre de Montezuma, jeune homme de vingt-cinq ans, d'une bravoure à toute épreuve, d'une intelligence remarquable et d'une rare élégance en sa personne, qui avait voué aux Espagnols une haine implacable, pareille à celle que jura

Annibal aux Romains entre les mains d'Hamilcar. Cortez, qui a mesuré les difficultés de son entreprise et qui ne veut rien négliger pour le succès, établit des règlements qu'il enjoint aux siens d'observer fidèlement. Ce recueil d'ordonnances militaires nous a été conservé. Le but suprême qu'il indique à ses compagnons d'armes est la conversion des païens ; c'est le secret de leur force et la condition de leur triomphe. Autrement, dit-il, cette guerre est souverainement injuste, et tout ce qu'elle nous procurerait serait un bien mal acquis. De là des dispositions qui interdisent, sous des peines sévères, le blasphème, le jeu, etc. On dirait une armée de croisés et de croisés disciplinés, et en effet Cortez se supposait le chef d'une croisade, comme avait pu le faire Godefroi de Bouillon. Du côté opposé, les prêtres, qui ont une grande influence sur Guatimozin, prêchent aux Aztèques qu'il n'y a pas de compromis possible avec les Espagnols violateurs des temples, et qu'avec eux il faut vaincre ou périr. Comme dans *la Jérusalem délivrée*, le ciel est en présence d'un olympe païen ou des anges déchus compagnons de Satan. Comme dans l'Iliade, les hommes croient voir les habitants du céleste séjour prendre parti pour eux et descendre dans leurs rangs. C'est au moins ce qui advient aux Espagnols, qui, à mainte reprise, sont persuadés qu'ils ont distingué dans les airs la vierge Marie, ou à côté d'eux saint Jacques sur son cheval blanc, ou saint Pierre patron de Cortez.

De part et d'autre, il y a une multitude innombrable de combattants, car Cortez a eu jusqu'à 150,000 auxiliaires ; des deux côtés, un dévouement extraordinaire et une prodigieuse ardeur. Les Aztèques se défendent comme un peuple qui combat pour ses *autels* et pour ses *foyers*. Les Espagnols se conduisent comme des prédestinés qui ont à exécuter un arrêt du ciel, et comme des ambitieux qui ont à conquérir à la pointe de l'épée des richesses et des titres. Les Indiens auxiliaires cherchent à assouvir de longs ressentiments, à tirer des représailles d'une violente oppression ; ils veulent exterminer d'anciens maîtres qui les anéantiraient eux-mêmes, si l'on n'en triomphait. Plus d'une fois la victoire est indécise, malgré le courage féroce des gens de Tlascala et la vaillance sanguinaire du prince de Tezcuco, Ixtlixochitl. C'est toujours l'intrépidité de cette poignée d'Espagnols, et c'est souvent la bravoure personnelle de Cortez qui enlève le succès, non sans l'acheter chèrement. On se bat par terre et par eau, à distance et corps à corps, de jour et de nuit, sur les plates-formes des pyramides, sur les terrasses des maisons, sur la plage boueuse du lac. On emploie la ruse aussi bien que l'audace, et plus d'une fois les embûches de Guatimozin mettent les *conquistadores* en péril. Déjà, dans la *nuit fatale*, Cortez avait couru de grands périls. A l'attaque de Xochimilco (*le Champ des Fleurs*), l'une des villes de la vallée, il est un instant prisonnier. C'en était fait de lui si les Aztèques n'eussent voulu le réserver pour un sacrifice ultra-solennel. Un Tlascaltèque et deux de ses propres serviteurs le dégagèrent. Le lendemain, on chercha le guerrier de Tlascala pour le récompenser ; mais ce fut en vain, et il demeura accrédité dans l'armée que c'était saint Pierre en personne qui était venu au secours du général sous ce déguisement. Durant le siège même de Mexico, Cortez, à la sollicitation plus que pressante de ses compagnons, qui souffrent des pluies et du manque de vivres, se décide un jour à donner un assaut général. « On nous laisse, disaient les soldats, exposés à toutes les intempéries des saisons, livrés à la famine, pendant qu'un coup de main serait si facile contre ces païens. Est-ce que l'autre jour nous n'avons pas pénétré de vive force jusqu'au cœur de la ville, jusqu'au palais de l'empereur et au temple où Satan est adoré sous le nom de cette infâme idole Huitzilopotchli ? Est-ce que nous n'avons pas su mettre le feu à cet abominable sanctuaire et au palais, et précipiter du haut en bas de la pyramide les prêtres sanguinaires dont ce repaire était peuplé ? Finissons-en par un assaut. — Vous aurez l'assaut, » dit le général, que les murmures ont alarmé. En effet, on convient d'attaquer en deux colonnes. Alvarado commande l'une ; Cortez s'est réservé de diriger l'autre. On s'ébranle après la célébration de la messe. Cortez partage son corps en trois divisions qu'il lance successivement, en recommandant aux chefs la circonspection. Les Aztèques battent en retraite ; les Espagnols, conduits par le trésorier

Alderete (dans cette expédition les financiers eux-mêmes étaient des héros), et par Andres de Tapia et le frère d'Alvarado, les pressent vivement. On touche enfin au centre de la ville et on crie victoire. Tout à coup, du sommet d'un *teocalli*, on entend le cor de Guatimozin. A ce signal, les Indiens fuyards se retournent ; d'autres, qui occupent les maisons, se montrent sur les terrasses ; les rues latérales s'encombrent de guerriers, et il en sort des roseaux du lac à droite et à gauche de la chaussée. Ils se jettent avec furie sur les Espagnols et sur leurs auxiliaires. Le désordre se met dans les rangs, et l'artillerie ne peut plus rien, c'est une mêlée affreuse. Beaucoup d'Espagnols sont pris ou tués ; Cortez, lui-même blessé, est saisi par six hommes aux formes athlétiques, qui, le voyant presque seul, ont accouru avec frénésie en criant : A Malintzin ! à Malintzin ! Il est cependant encore une fois arraché des mains de l'ennemi ; mais le cor de Guatimozin, qui semble exercer une influence magique comme celui d'Astolphe, continue de sonner, et l'impétuosité des Aztèques va toujours croissant. Ils font rouler aux pieds de Cortez plusieurs têtes espagnoles en s'écriant : Voici *Tonatiuh* ! (c'était, on l'a vu, le nom qu'ils avaient donné à Alvarado.) Voici Sandoval ! (c'était l'ami le plus cher de Cortez.) Du côté de la colonne d'Alvarado, pour semer l'épouvante parmi les Espagnols, ils lançaient de même des têtes de simples soldats blancs, en faisant retentir le nom de Malintzin. Heureusement ni le général, ni Alvarado, ni Sandoval n'avaient succombé ; cependant les Espagnols étaient en complète déroute ; ils gagnèrent avec peine leurs retranchements, et le soir, au coucher du soleil, ils purent contempler avec effroi l'horrible cérémonie qui se passait au sommet du grand *teocalli*. Leurs frères d'armes prisonniers étaient égorgés devant la statue du dieu, et leurs corps sanglants, précipités du haut de la pyramide, tombaient au milieu d'une foule qui s'en disputait les membres pour s'en repaître.

V

Cette victoire de Guatimozin inspira un grand enthousiasme parmi les Aztèques et ceux qui leur étaient restés unis. Les prêtres proclamèrent que les dieux, satisfaits du sacrifice des prisonniers espagnols, avaient promis de délivrer le pays des étrangers, et que, dans huit jours, cette promesse serait accomplie. A cette nouvelle, l'alarme se répand parmi les alliés des Espagnols. Ils désertent en grand nombre, non pour se rendre chez les Aztèques, dont ils redoutent le courroux, mais pour rejoindre leurs foyers. Cependant Cortez fait faire bonne garde dans le camp. Les sorties des assiégés sont repoussées ; les huit jours se passent sans que les Espagnols aient perdu rien de plus que quelques maraudeurs. Les alliés, voyant que l'oracle est en défaut, reviennent vers les Espagnols. L'ardeur agressive des assiégés se refroidit, et ils se retrouvent bientôt en face des fléaux dont ils étaient poursuivis depuis quelque temps, la famine et les maladies épidémiques qu'engendrent la misère et l'encombrement. De l'exaltation plusieurs passent à l'abattement ; ils voient avec désespoir leurs anciens vassaux démolir tous les quartiers de la ville que Cortez a envahis et niveler ses édifices.

Cortez, qui sait à quoi s'en tenir sur leur position, dépêche à Guatimozin trois chefs qui étaient parmi les prisonniers. Il le fait conjurer de se soumettre, lui promettant qu'on lui laissera la couronne, que les Aztèques garderont leurs propriétés et leurs dignités, sous la suzeraineté du roi des Espagnes. Le jeune prince reçut les envoyés avec distinction et écouta attentivement leur message. Probablement parce qu'il n'était pas assez le maître, il s'en remit à un conseil composé des principaux chefs de l'armée et des hommes les plus considérables. Quelques-uns furent d'avis d'accueillir les propositions de Cortez ; mais les prêtres, qui reconnaissaient qu'avec les chrétiens c'en était fait de leur influence, furent d'un avis opposé. « La paix est un grand bien, dirent-ils à l'empereur, pourvu que ce ne soit pas avec les hommes blancs. Il n'est pas de promesse qu'ils n'aient violée. Leur cupidité est sans bornes, et qui pourrait dénombrer leurs outrages contre nos dieux ? Fions-nous aux divinités qui ont été si longtemps les protectrices de notre nation. Ne vaut-il pas mieux mourir que de vivre sous l'esclavage de ces étrangers menteurs et impies ? » Leur éloquence enflamma Guatimozin. « Eh bien ! dit-il, nous mourrons, en combattant ; malheur à qui parlera de se rendre ! » En réponse aux offres de Cortez, deux jours après, Guatimozin ordonne une sortie générale ; elle est sans succès. Les Aztèques sont refoulés et tenus à l'étroit dans quelques-uns des quartiers. Parmi eux la famine devient plus cruelle chaque jour. Ils se nourrissent des lézards et des rats qu'ils peuvent trouver ; ils recherchent les reptiles et les insectes, rongent l'écorce des arbres, et s'en vont la nuit arracher des racines. Pendant ce temps, Cortez, voyant qu'il n'y avait pas d'autre moyen de les soumettre, poursuit l'œuvre de destruction à laquelle il s'était déterminé avec beaucoup de regret : les pyramides et les palais sont rasés, tout comme les huttes en joncs où habitait la populace. La démolition s'accomplit par les mains des alliés, auxquels les Aztèques criaient : « Malheureux ! plus vous démolissez et plus vous aurez à reconstruire, car, si nous sommes les vainqueurs, nous voudrons avoir une capitale aussi magnifique qu'autrefois, et si les hommes blancs l'emportent, ils ne seront pas moins exigeants que nous-mêmes. » Malgré l'âpreté de leurs maux, ces vaillants Aztèques faisaient bonne contenance : ils répondaient avec hauteur et dédain quand on leur disait qu'ils n'avaient plus de vivres, et l'un des chefs indiens attachés à Cortez leur ayant remontré, dans un de ces entretiens qui se reproduisaient assez fréquemment entre les sorties et les assauts, qu'ils étaient à la dernière extrémité, ils lui jetèrent des crêpes de mais à la figure, disant qu'ils avaient des subsistances pour eux et pour les autres.

Cependant la faim et la maladie les décimaient. On les voyait amaigris sur leurs terrasses ou derrière les barricades. Quand on gagnait sur eux une rue de plus, on y trouvait les cadavres entassés en pourriture. Eux si soigneux de la sépulture, ils avaient cessé de la donner aux morts. Dans les maisons, on rencontrait des femmes et des enfants décharnés, ne pouvant plus se traîner, car tout ce qui avait la force de se tenir debout se concentrait dans les quartiers insoumis encore. Dans cette triste situation, on les entendit plus d'une fois reprocher aux Espagnols de ne pas en finir. « Vous n'êtes pas les fils du Soleil, car il est, lui, rapide en sa course, et vous, que vous êtes lents dans votre destruction ! Achevez-nous donc, afin que nous allions enfin près de notre dieu Huitzilopotchli, qui nous tiendra compte de tout ce que nous souffrons pour lui ! » D'autres fois ils les bravaient, leur disant qu'ils chercheraient en vain les trésors ; qu'on avait tout enseveli dans des cachettes dont ils n'auraient pas le secret. Et il ne fallait pas leur parler de se rendre : Cortez ayant adressé à Guatimozin un prisonnier d'un haut rang pour le presser de traiter, on assure que Guatimozin envoya ce parlementaire à la pierre du sacrifice.

Bientôt il ne resta plus aux Aztèques qu'un quartier, le plus incommode de tous, faisant à peine le huitième de la cité, et où il n'y avait pas assez de bâtiments pour leur donner asile. Plusieurs demeuraient, la nuit comme le jour, en plein air dans les bateaux, parmi les roseaux du lac. Chaque jour, Cortez acquérait des preuves nouvelles de l'extrémité à laquelle ils étaient réduits. Pendant quelque temps, ils avaient pu se soutenir en dévorant les prisonniers qu'ils faisaient dans les sorties. Cette ressource même leur était ravie. On en surprenait la nuit qui rôdaient pour ramasser des débris que les animaux immondes eussent dédaignés, ou pour arracher de leurs ongles une poignée d'herbes, et on raconte qu'on vit des mères égorger leurs enfants pour les manger. Une épidémie causée par les miasmes dont l'air était empesté décimait ceux qui échappaient au glaive et à la famine. Cortez fut saisi de pitié ; il donna les ordres les plus formels pour qu'on épargnât tout ce qui ne commettait aucune agression ; mais quel moyen de se faire obéir de ses alliés les féroces Tlascatèques et des ci-devant vassaux des empereurs aztèques, qui avaient à exercer des vengeances pour le joug pesant sous lequel on les avait courbés ? En même temps il renouvelait ses efforts pour obtenir de Guatimozin qu'il se soumît. Sur les instances des chefs, le jeune monarque consentit enfin à une entrevue. On se donna rendez-vous à la vaste place du marché, sur une grande plate-forme qui autrefois servait à des représentations populaires. Cortez y fit étendre des tapis et dresser un banquet où il comptait prier son vaillant ennemi d'assouvir sa faim. A l'heure indiquée, Guatimozin ne parut pas ; il se fit excuser par les mêmes chefs qui lui avaient apporté les paroles de Cortez, soit qu'il craignît qu'on ne s'emparât de sa personne et que le sort de Montezuma, réduit à n'être plus que l'instrument passif des étrangers, lui semblât le plus grand des maux, soit plutôt que l'influence des prêtres l'eût déterminé à lutter jusqu'à la fin, sans rémission. Le *conquistador* retint à dîner ces pauvres affamés, et les renvoya avec ses compliments pour leur maître, et avec des provisions, en réitérant sa demande d'une conférence. Le fier Guatimozin retourna présent pour présent ; les mêmes personnes revinrent au camp espagnol chargées des plus beaux tissus en coton, mais seules, sans l'empereur. Cortez leur renouvela ses instances les plus vives, si bien que le lendemain matin on lui apporta la promesse de la visite de Guatimozin pour midi. Ce fut encore en vain, et l'on s'aperçut que les assiégés se préparaient silencieusement à combattre dans leur dernier asile comblé de morts et de mourants. Il y eut donc, le jour suivant, une bataille ou plutôt une boucherie.

Les auxiliaires de Cortez égorgèrent quarante mille Aztèques, sans distinction d'âge ni de sexe. Leur furie sanguinaire excita l'indignation de ce grand homme, qui, rendant compte de cette scène à son maître, lui dit : « Les cris des enfants et des femmes qu'on égorgeait les uns sur les autres étaient si lamentables, qu'il n'y avait personne parmi nous qui n'en eût le cœur déchiré... Jamais on ne vit cruauté pareille (à celle des alliés) ; jamais des êtres sous forme humaine ne se montrèrent plus étrangers à l'humanité. » Et cependant le lendemain matin, après une nuit passée sur ce lieu de désastres, Guatimozin refusa encore de se rendre ou de venir traiter avec le capitaine espagnol.

On était au 13 août 1521. Ce devait être le dernier jour de cet empire si florissant à trois années de là. Avant de donner un dernier assaut, Cortez fit inviter l'empereur à se présenter. Ses envoyés revinrent avec le *cihuacoatl*, magistrat du premier rang, qui déclara avec l'air de la consternation que Guatimozin saurait mourir, mais qu'il ne viendrait pas traiter. Puis, se tournant vers Cortez : « Faites maintenant ce qu'il vous plaira. — Soit, répondit Cortez. Allez dire à vos amis qu'ils se préparent ; ils vont mourir. » - En effet, les troupes s'avancèrent : il y eut une dernière mêlée, un dernier carnage, sur terre et sur le lac. Les Mexicains épuisés trouvèrent dans leur désespoir, leur patriotisme, leur dévouement à leurs dieux, la force de lutter avec héroïsme une dernière fois. Guatimozin, acculé au rivage, se jeta dans un canot avec quelques guerriers, et essaya de s'échapper à force de rames ; mais un brigantin de la flottille espagnole le poursuivit : il fut pris et mené à Cortez, qui le reçut avec les égards dus à une tête couronnée. Lui, s'avançant avec dignité sur la terrasse préparée pour cette triste entrevue d'un prince captif avec son vainqueur : « J'ai fait, dit-il, tout ce que j'ai pu, Malintzin, pour sauver ma couronne et mon peuple. Vous voyez où je suis tombé maintenant ; faites de moi ce que vous voudrez. » Et, indiquant du doigt un poignard placé dans la ceinture du général, il ajouta avec véhémence : « Tirez cette arme, et finissez-en avec moi. — Non, répondit Cortez, vous serez traité avec un profond respect. Vous avez défendu votre capitale comme le plus brave des princes ; les Espagnols savent honorer la valeur jusque dans leurs ennemis. » Il s'informa ensuite de l'impératrice, qui était fille de Montezuma, l'envoya chercher avec une escorte, et fit servir un repas à ses deux augustes prisonniers. L'empire aztèque avait cessé d'exister ; la domination espagnole était établie au Mexique. La croix triomphait dans ce beau pays, et son règne était sans partage.

Lorsqu'on examine la conquête du Mexique sous le rapport religieux et sous le rapport politique, elle présente, on le voit, un rare intérêt ; mais c'est un récit très attachant à d'autres titres encore. On croirait avoir pris lecture d'un poème épique ou d'un roman de chevalerie, tant les évènements et les simples incidents y sont sur des proportions grandioses, inouïes, tant les hommes s'y montrent puissants, tant le merveilleux lui-même y a de part. Quant à la grandeur des évènements, il suffit pour la mesurer de tracer le programme de l'entreprise telle qu'elle s'est passée. Voilà un aventurier qui, parti de Cuba avec 553 soldats, 110 marins, 16 chevaux, 13 arquebuses, 32 arbalètes, 10 pièces de canon, 4 fauconneaux, ose s'attaquer à un empire dont tout lui révèle bientôt que la population est d'une admirable bravoure, dont le souverain fait d'un signe tout trembler au loin, et tient, dit-on, rangés sous sa loi trente vassaux en état de mettre chacun 100,000 hommes sous les armes. Cortez ne se propose pas seulement de faire reconnaître son maître Charles-Quint aux habitants de ce formidable empire et à leur superbe empereur comme leur suzerain, il forme la résolution de les obliger à abjurer leur religion, c'est-à-dire à faire le plus grand sacrifice qu'on puisse demander à un peuple. Il le veut, il le tente, et il ne lui faut pas trente mois pour y réussir.

Auprès d'un tel sujet le thème de l'Iliade paraît exigu et pâle. Qu'est-ce en effet sinon la brouille et le raccommodement d'Achille et d'Agamemnon avec une action qu'on ne peut qualifier de finale, car elle ne termine rien, dans laquelle le principal des défenseurs de Troie est vaincu et tué par le plus vaillant des Grecs ? L'Énéide n'est pas sur de plus larges proportions : deux chefs de peuplade, Enée et

Turnus, se disputent, avec des forces à peu près égales, la main de la fille d'un roitelet du Latium. Pour chacun de ces deux chefs-d'œuvre impérissables, le poète a dû tirer de son propre fonds le merveilleux dont il a admirablement brodé l'aventure ; à une réalité mesquine il a été nécessaire d'ajouter la fable ; il a fallu semer le récit, avec un art infini, de traditions historiques, de notions géographiques et de la philosophie la plus avancée du temps. De la sorte l'Iliade et l'Enéide sont des espèces d'encyclopédies des deux époques, importantes dans les annales du genre humain, où elles furent écrites, mais des encyclopédies sous la forme la plus admirable et la plus entraînante, tracées de la main d'hommes du plus rare génie et du plus grand savoir. Elles offrent le tableau animé et éclatant des croyances et des opinions, des connaissances et des usages, des mœurs et des arts de deux peuples d'élite, de qui notre civilisation dérive, à qui nous nous sentons liés par un cordon ombilical. Par conséquent, elles nous saisissent, pour ainsi dire, par les entrailles, et elles resteront des monuments immortels tant que subsistera la civilisation de l'Occident, qui n'est pas près de finir, car elle prime en ce moment la terre tout entière, *du Japon jusqu'à Rome.* La *Jérusalem Délivrée* raconte le choc de deux masses, considérables cette fois, mais à peu près d'égale puissance. La foi y triomphe, parce qu'elle est la foi, conclusion juste sans doute, mais trop prévue et qui par cela même laisse le lecteur assez froid. On a eu beau y mettre du merveilleux ; on n'en a point fait une merveille, quoique ce soit une magnifique composition. A la conquête du Mexique, comme valeur intrinsèque sous le rapport des prodiges accomplis, il n'y a de comparable que l'envahissement de l'Asie par Alexandre, ou la fondation de la puissance portugaise dans l'Inde. De même qu'au Mexique, dans ces deux épisodes de l'histoire du genre humain, la disproportion est énorme entre la force assaillante et celle qui est assaillie. L'infiniment petit triomphe de l'infiniment grand ; la force du génie se révèle dans toute sa splendeur ; par un effort sublime, l'homme dépasse d'une immense hauteur la sphère où il est resserré ordinairement, et réalise des miracles. C'est l'inattendu et l'imprévu à leur plus haute expression.

VI

Si la conquête du Mexique, prise dans son ensemble, est prodigieuse, les détails ne sont pas moins surprenants. On ne sait quels faits admirer le plus dans cette suite pressée d'incidens, car de toutes parts le prodige ressort des entrailles des faits, comme du diamant la lumière, comme de la pourpre ou de l'or l'éclat éblouissant. Sera-ce, en effet, l'incendie de la flotte ordonné par Cortez afin qu'il faille vaincre ou périr, ou l'audace avec laquelle le *conquistador* fait prisonnier Montezuma, dans son palais, au milieu de ses gardes, au cœur d'une capitale dévouée à son seigneur ? Décernera-t-on la palme à la campagne contre Narvaez, ou à la bataille d'Otumba, dans laquelle Cortez, réduit à une poignée d'hommes presque démoralisés et sans artillerie, met en déroute les Mexicains enivrés de leurs succès de la *noche triste* et tue de sa main leur général au moment où il semble perdu lui-même ? Quelle est l'histoire, quel est le roman historique où il se passe une aventure pareille au combat livré sur la plate-forme du grand *teocalli*, dans lequel on se précipite les uns les autres de cent vingt pieds de hauteur ? Allez plus avant encore dans les détails, vous rencontrez à chaque instant des prouesses romanesques : c'est le saut d'Alvarado, ce sont ces deux jeunes Mexicains qui, dans la mêlée, du sommet de la grande pyramide, se prennent par la main et se ruent de toute leur force sur Cortez afin de le précipiter avec eux de toute cette hauteur, contents de mourir si par leur mort ils achètent celle de l'ennemi de leur patrie et de leurs dieux. Ou bien encore vous avez l'ascension de ces cinq soldats qui vont puiser du soufre dans le cratère du Popocatepetl. Faute de soufre, l'armée va manquer de poudre ; on soupçonne que ce volcan aura une solfatare ou plutôt on en a été informé déjà. Cinq hommes sont détachés pour y aller voir. Ils montent, et Dieu sait ce que c'est que de gravir le Popocatepetl ; depuis eux jusqu'en 1827, personne n'a plus osé le tenter. Après plusieurs jours, ils arrivent à la cime, malgré les laves et la cendre, malgré l'éclat de la neige qui les aveugle, malgré le froid de ces hautes régions. Un gouffre de plus de mille pieds de profondeur, au fond duquel on aperçoit une flamme bleuâtre et d'où s'échappent des vapeurs empestées et brûlantes, se montre enfin ouvert devant eux. Ils tirent aux dés froidement à qui y descendra ; le sort désigne le chef de la petite bande, Montaño ; on le met dans un panier suspendu à une corde, et il se laisse couler dans l'abîme. Parvenu à quatre cents pieds, il fait soigneusement sa récolte de soufre, et revient comme s'il avait fait la chose du monde la plus simple, un tour de promenade dans un des jardins de Séville ou de Cordoue.

Dans ce drame apparaît une variété de caractères fortement dessinés, je ne dirai pas comme ceux de l'Énéide, ce ne serait point assez, mais comme ceux de l'Iliade elle-même. Celui que les Aztèques appelaient *Tonatiuh* (le Soleil) à cause de sa haute stature, de sa fière contenance et ses longs cheveux blonds, Alvarado del Salto, a la vigueur colossale du grand Ajax, la vaillance du fils de Tydée, et les audacieux emportements de l'autre Ajax, qui ne s'arrête devant rien, pas même devant le sacrilège. A côté de cette figure terrible, on aime à envisager le jeune et héroïque Sandoval, celui que Cortez appelle son fils, et qui, auprès de lui, représente le fidèle Achate ou le bien-aimé Patrocle ; mais il a vingt coudées de plus que l'ami d'Énée ou que le fils de Menoetius : il commande l'admiration par l'ardeur et l'énergie de son courage ; il est touchant par l'affection qu'il reçoit et par celle qu'il rend. Après l'assaut où les Espagnols ont été rudement repoussés par Guatimozin, quand il part de son campement pour aller à l'état-major-général chercher des nouvelles de Cortez, que les Aztèques se sont vantés d'avoir tué, et que seul, sur un cheval épuisé par une journée de combat acharné, il traverse une vaste plaine couverte d'ennemis impitoyables, le lecteur le suit avec un intérêt que Tancrède et Renaud excitent à peine dans les moments les plus palpitants, et que n'éveille pas le jeune Pallas à l'instant suprême. Christoval de Olid, plus tard cependant félon envers son général, Velasquez de Léon, Avila, Quinones, Andres de Tapia, Escalante, sont assurément comparables à Idoménée, à Philoctète, à Mérion, à Ménélas, à Antiloque, à Mnesthée. Thersite, lâche au combat, plus lâche par la diffamation qu'il répand sur les héros, se retrouve à peu près dans les conspirateurs qui complotent d'attenter à la vie du général, ou dans ces quelques compagnons de Narvaez, qui, chargés de butin, veulent retourner à Cuba sans que l'entreprise ait été consommée. Le bon père Olmedo, prêtre rempli d'une foi éclairée et d'une charité inaltérable, qui tempère le prosélytisme ardent des Espagnols et retient Cortez, sur ce seul point impatient, est une physionomie bien autrement belle et pieuse que l'inanimé Calchas. Et qui voudrait changer le vigilant pilote Alaminos pour Palinure l'endormi ? Le général de l'armée, Cortez, réunit la majesté inflexible du grand Agamemnon et toutes les qualités de commandement qui' distinguent le roi des rois, à l'irrésistible impétuosité d'Achille et à l'habileté d'Ulysse, inépuisable en expédiens et en artifices.

Parmi les Indiens auxiliaires, on distingue le prince de Tezcuco, Ixtlixochitl, jeune homme emporté, d'une bouillante fidélité à ses nouveaux amis, qui, souvent interpellé comme un traître par les Aztèques, répond à l'accusation par des traits de courage presque fabuleux, et le jeune Xicotencatl, de Tlascala, héros plus complet, qui est tiraillé sans cesse entre sa haine pour les Aztèques et le soupçon que les hommes blancs viennent asservir tous les indigènes sans exception. Ce sont deux types originaux qui contrastent vivement. Quelle différence aussi entre leurs deux fins ! L'un devient cacique de Tezcuco, l'autre périt sur une potence comme un déserteur, pour avoir pendant le siège quitté les rangs des Espagnols et s'être dirigé, dégoûté d'eux, vers les montagnes : exemple terrible que Cortez crut devoir donner aux récents vassaux de son souverain, afin qu'ils comprissent l'étendue de leurs devoirs et la vigueur de la main sous laquelle ils s'étaient rangés. Un autre des chefs tlascaltèques, le vieux Magiscazin, par sa prudence et sa loyauté, et par les éclairs d'énergie qui lui reviennent dans une circonstance critique, lorsque l'éloquence des ambassadeurs aztèques a presque déterminé le sénat de Tlascala à abandonner Cortez, alors fugitif, ressemble au sage Nestor, fidèle aux dieux, quand, à la vue des Grecs qui plient et d'Hector qui s'apprête à embraser la flotte, il redemande ses javelots. C'est le même qui argumente avec Cortez, comme l'eût pu faire le roi de Pylos, sur le caractère de la religion de ses pères.

Du côté des Mexicains, les traits des personnages ne sont pas moins fortement prononcés. La noble figure d'Hector ne fait point pâlir celle de Guatimozin, et on aimerait mieux être dans une ville défendue par ce dernier que sous l'égide du fils de Priam. A vingt-cinq ans, ce prince, le dernier des empereurs aztèques, se montre admirable par son activité et son esprit de ressources quand il faut organiser la résistance ou l'agression ; d'une bravoure à toute épreuve, il est en même temps familier avec les ruses de la guerre. Dans ses désastres, on le voit sublime de résignation ; il demeure roi sur le brasier où Cortez, cédant à l'avidité de ses compagnons, le fait placer pour qu'il déclare, dans la torture, où il a caché ses trésors, qu'il n'a point cachés, hélas ! car il ne lui reste rien. Il meurt en roi, quand le *conquistador*, trompé par de fausses dénonciations pendant une pénible campagne dans l'isthme de Honduras, lui arrache la vie. Le frère de Montezuma, Cuitlahua, intrépide soldat, intelligent capitaine et patriote ardent, est un type plus séduisant qu'Agénor ou Énée. Parmi les autres chefs troyens, il n'est personne qui soit plus beau que le cacique de Tezcuco, Cacamatzin, quand il reçoit avec une généreuse indignation l'ordre envoyé par Montezuma d'obéir aux Espagnols. Et dans les rangs des Aztèques, il n'y eut pas de Pâris qui lâchât pied indignement, chacun y sut mourir.

Montezuma lui-même, l'infortuné Montezuma, n'est pas un type commun. Libéral et généreux jusqu'à la prodigalité, élégant jusqu'aux dernières limites du faste, royalement affable, il est aussi d'un esprit cultivé et fin. Dans sa jeunesse, il s'était montré intrépide à la guerre, et appartenait à l'ordre des Quachictin, qui étaient les braves des braves ; mais, par degrés, il était tombé dans une bigoterie imbécile. Il crut que les signes astrologiques et les antiques prédictions du pays lui commandaient de se soumettre aux Espagnols. Par une inconcevable contradiction qui révèle beaucoup de faiblesse l'âme, la superstition religieuse effaça en lui, vis-à-vis de ces étrangers audacieux, le sentiment du patriotisme, quoique Cortez se présentât avec l'intention avouée d'anéantir la religion mexicaine. Vainement à l'amour de la patrie se joignit, pour le solliciter, le sentiment de l'ambition, la passion du pouvoir qui dévore quiconque en a goûté ; il ne sut trouver contre les envahisseurs que des supercheries de Grec du Bas-Empire. M. Prescott l'a comparé quelque part à Louis XIV, et c'est souverainement injuste pour le grand roi. Si, de même que Montezuma, Louis XIV eut un luxe excessif qui le conduisit à obérer les populations ; si, ainsi que le prince mexicain, mais du moins lorsqu'il eut l'excuse d'un âge avancé, il se laissa dominer par de fausses idées qu'on lui présentait sous le masque de la religion, et s'il commit la faute impardonnable, et à jamais fatale à notre pays, de révoquer l'édit de Nantes, il n'en est pas moins vrai qu'en lui l'amour de la patrie resta toujours aussi ardent qu'à vingt-cinq ans. Il se sentit toujours le représentant d'une puissante nationalité qui ne devait point courber la tête, et la veille de la journée de Denain, où devait se jouer la fortune de la France, ses paroles *à l'audacieux Villars* sont sublimes. Jamais on ne lui eût, lui vivant, mis des fers. Quelque bien doués qu'ils soient d'ailleurs, les caractères indécis font une triste figure dans l'histoire. Tel était Montezuma. Louis XIV, au contraire, fut d'un bout à l'autre remarquable par sa résolution. Aussi il constitua une grande monarchie, il fonda un système politique, et Montezuma laissa un empire crouler sous lui.

Les femmes même ne font pas défaut à l'épopée de la conquête du Mexique. Ce n'est plus tout-à-fait la noble et touchante Andromaque ; ce n'est pas non plus la douce et plaintive Iphigénie, ni Hécube aux incomparables douleurs, ni la tendre et inconsolable Didon. C'est pourtant un beau rôle encore que celui de cette jeune et belle fille des bords du Guazacoalco, issue d'un cacique, qu'une mère dénaturée vend honteusement à des marchands d'esclaves dans son enfance, et qui, cédée par un cacique du Yucatan à Cortez, devient l'interprète, l'affidée conseillère et, disons-le sans détour, l'amante du capitaine. Dona Marina, toujours à côté de Cortez, ne se borne pas à transmettre ses discours aux Mexicains. Par l'effet de cette puissance de divination que la femme qui aime possède beaucoup plus que tout homme au monde, elle lui donne, en quelque situation qu'il soit, de salutaires avertissements. Par elle, Cortez devine les espions qui ont été dépêchés par Xicotencatl pour endormir sa vigilance, et qu'à la suite de sa découverte il renvoie à leur général, le poing coupé. Par elle de même, dans la ville sacerdotale et commerçante de Cholula, il est mis au courant de la formidable conspiration où l'on espère exterminer d'un coup la petite armée castillane. Marina produisait une grande impression sur les indigènes. « *Belle*, dit Camargo, l'historien de Tlascala, *comme une déesse*, elle semblait aux Mexicains un être supérieur à eux-mêmes, quelque chose au-delà de la nature humaine. » Sa liaison avec Cortez, qui n'était ignorée de personne, fit qu'ils le nommèrent d'après elle : son vrai nom étant Malinche, Cortez ne fut plus désigné que par le nom de Malintzin. L'entrevue et la réconciliation de Marina avec sa mère, que le plus étrange des hasards place sur le chemin de Cortez pendant l'expédition de Honduras, qui suivit immédiatement la prise de Mexico, est une page fort intéressante.

Si l'on voulait comparer les efforts matériels que rapportent l'Iliade et l'Énéide à ceux de la conquête, la supériorité encore serait tout entière du côté de ce dernier drame. La mêlée de la *noche triste* a bien plus de grandeur et d'horreur que l'assaut de la muraille dont se sont entourés les Grecs. Qu'est-ce que cette muraille elle-même auprès de celle dont se sont fortifiés les gens de Tlascala contre les Aztèques, ou en comparaison des retranchements dont s'entoure Cortez pendant le siège ? Qu'est-ce que l'attaque des vaisseaux par Hector auprès des furieux assauts que livrent les Aztèques au palais d'Axayacatl, occupé par les Espagnols, avant la *noche triste* ? Que signifie la difficulté d'ériger en ais de sapin la masse caverneuse du cheval fatal à Ilion, proposé par l'artificieux Epeus, auprès de la construction de treize navires de guerre dans les forêts de Tlascala par les soins du praticien

Martin Lopez, et du transport de cette *armada*, pièce par pièce, à dos d'hommes, à travers les montagnes, pendant vingt lieues, jusqu'au lac au milieu duquel était située la capitale des Aztèques ?

Le merveilleux proprement dit, l'intervention du ciel, l'historien ou le poète n'ont pas à l'imaginer pour la conquête du Mexique ; les acteurs de la conquête leur en ont épargné la peine. Je l'ai déjà fait remarquer, du côté de Cortez, ces hommes éprouvés par les combats, qui ont guerroyé, les uns en Italie contre les Français, les autres sur les mers contre les Turcs, croient apercevoir saint Jacques, l'apôtre vénéré, qui tire l'épée pour eux, monté sur un cheval blanc, et la Vierge qui les encourage. Ils l'ont vu, de leurs yeux vu ; l'un d'eux, Bernal Diaz l'atteste. Cortez lui-même demeure persuadé que son patron Saint-Pierre a pris les traits et l'habit d'un guerrier de

Tlascala pour venir lui sauver la vie. Pour les Espagnols, les divinités mexicaines sont des transfigurations de Satan, qui entasse contre eux des maléfices, auquel le paradis répond, comme de droit naturel, par des miracles. Du côté des Mexicains, à l'origine les cavaliers sont pris pour des êtres à part ; l'homme et la bête ne forment qu'un ; c'est la fable des centaures renouvelée au sérieux, et les hommes blancs par eux-mêmes ont quelque chose de divin ; on les nomme, avons-nous dit, *les dieux blancs*. Sans doute, par l'effet de sourdes rumeurs transmises des îles et du Yucatan sur ces hommes blancs et barbus arrivés de l'orient, des bruits étranges s'accréditent dans l'empire mexicain avant le débarquement de Cortez. L'imagination des hommes y joint des présages funestes. A son lit de mort, le roi de Tezcnco, Nezahualpilli, renommé pour sa science astrologique, déclare à Montezuma que c'en est fait de l'empire. Puis il semble que les dieux soient courroucés. Une comète étincelante apparaît ; les eaux du lac se gonflent et envahissent subitement Mexico, sans qu'une tempête ait agité l'atmosphère, sans qu'un tremblement de terre ait ébranlé le plateau d'Anahuac sur ses bases massives ; un vaste incendie désole la capitale ; on entend dans les airs des voix sourdes et lugubres qui annoncent des calamités, et la princesse Papantzin, sœur de l'empereur, morte depuis quatre jours, sort du tombeau pour lui dire qu'une catastrophe est imminente. Quoi de plus merveilleux que la tradition concernant le dieu Quetzalcoatl, au teint blanc et au visage barbu, qui devait débarquer un jour en venant de l'est, ou envoyer ses descendans pour régner à sa place, tradition qui semblait indiquer si clairement Cortez, et dont celui-ci tira un parti infini !

Parmi les motifs qui autorisent les poètes à mêler le ciel d'une manière active et directe aux évènements de la terre, et donnent, pour ainsi dire, un corps à leurs fictions, à ce degré que le commun des hommes prend leurs récits au pied de la lettre, on peut en signaler deux principaux : l'un est l'extrême difficulté vaincue qui paraît ne pouvoir s'expliquer que par une action surhumaine ; l'autre est le concours de circonstances accidentelles, au nombre desquelles cependant, il n'est pas défendu de compter le génie, qui amènent des solutions contraires à toute probabilité, ce que, dans le langage familier, on nomme un bonheur *insolent.* C'est ce que le sceptique attribue au hasard, mais le vulgaire et l'homme religieux (malheur au poète qui ne l'est pas !) en font honneur à la Providence. Lorsque des faits historiques ont présenté profondément l'un ou l'autre de ces caractères, il suffit de les regarder ou de les montrer à travers la lunette de l'imagination pour y voir ou y faire voir le merveilleux. Or, il n'y a pas autre chose dans la conquête du Mexique, d'un bout à l'autre, du débarquement de Cortez à la prise de Mexico. Ce sont à chaque instant d'incroyables obstacles, surmontés par des prodiges d'intelligence, d'audace et d'énergie, ou des combinaisons fortuites qui renversent toutes les chances. Les Espagnols alors, disons mieux, la Péninsule tout entière, car qui voudrait en omettre, quand il s'agit d'héroïsme, la patrie de Vasco de Gama et d'Albuquerque ? étaient à ce moment la grande nation de l'Europe et du monde, et il semblait que le ciel se plût à leur prêter assistance.

Mais je reviens à ce que je disais en commençant. Le caractère principal de la conquête lui est venu de la religion, du prosélytisme religieux. De nos jours c'est l'amour de la gloire, l'enthousiasme pour la liberté, qui portent les hommes aux grandes actions. La passion dominante alors parmi les Espagnols était celle de la propagation de la foi : ils en étaient possédés. Il fallait un mobile aussi puissant que celui du sentiment religieux militant, pour que, même avec des instruments tels que le bras de Cortez, au service d'une pensée comme la sienne, de pareils prodiges fussent produits. Ceux qui disent que la soif de l'or a pu inspirer tant d'héroïsme et faire accomplir de si grandes choses ne connaissent pas la nature humaine ou la calomnient. J'ai essayé ici de restituer à la conquête son véritable caractère, d'assigner aux prodiges opérés par Cortez et ses compagnons leur véritable cause. Mon but n'a pas été seulement de rétablir la vérité sur un évènement historique isolé, ou de rappeler, par un exemple éclatant, à un siècle peu croyant, ce dont la foi religieuse est capable. C'est que là est la donnée fondamentale de l'histoire entière du Mexique jusqu'à nos jours ; là gît à la fois le secret de son affligeante décadence et celui de sa régénération. Cortez était un de ces géants dont la main vigoureuse imprime une impulsion si forte, qu'il n'est plus possible à un peuple de s'y soustraire, même après des siècles et quand le moteur a disparu. Le cachet de cet homme est empreint sur tout ce qui reste debout dans le Mexique, même sur ce qui a été fondé après lui. Ces beaux pays sont exclusivement catholiques, et les peuples qui y sont établis, imbus de la vie catholique jusqu'à la moelle des os, n'ont de chance que par le catholicisme et avec le catholicisme. Ceux qui les ont étudiés sont aujourd'hui à se demander si le Mexique ira s'abîmer dans la barbarie, ou s'il subira une conquête nouvelle en vertu de laquelle il passerait sous le joug pesant d'une race protestante qui se flatte que la domination du monde lui a été promise, et qui, à l'égard du Mexique, est déjà enivrée des succès qu'elle a eus au Texas, ou si, au contraire, les populations qui couvrent aujourd'hui cette magnifique contrée resteront indépendantes et se remettront en marche dans les voies de la prospérité et de la civilisation. A cause du rang que possède le Mexique dans le Nouveau-Monde, on peut croire que toutes les républiques jadis colonies de l'Espagne suivront sa destinée, quelles qu'elles soient. Or, la question qui d'ici à peu d'années se résoudra pour le Mexique, et dont la solution paraît devoir s'appliquer au nouveau continent presque tout entier, est plus voisine qu'on ne le pense de celle qui consisterait à savoir si le génie du catholicisme, mis en contact avec le génie du protestantisme, peut en supporter la rivalité, ou encore si de nos jours le catholicisme peut donner de la sève à un peuple qui paraît frappé de langueur et au moment de succomber. Faisons-le remarquer, notre patrie a plus que personne un immense intérêt engagé dans cette question, car elle a été, elle est encore le coryphée des peuples catholiques ; c'est de là qu'elle a tiré sa grandeur.